読みが激変！

たった一つの言葉で深める国語の授業

低学年

土居正博
沼田拓弥
三浦剛
著

日本標準

はじめに

　本書は、読むことの授業において物語や説明文の中の「言葉」に注目し、その言葉を通じて子どもたちの読みを深めたり広げたりすることを提案する本です。読むことの授業において、子どもたちの意識は言葉一つ一つに意外と向かないものです。お話の展開や筆者の主張などに意識がいきがちで、それらを構成していて本来は非常に重要なはずである一つ一つの言葉にあまり注目しないのです。しかし、作者や筆者が物語や説明文を書くとき、必ずその言葉を用いた意図が存在しています。たとえば、「お手紙」（光村図書二年下・東京書籍二年下）では、かえるくんとがまくんの二人の関係性を表す言葉として「親友」や「親愛」という言葉が用いられます。一方、出典である『ふたりはともだち』の題名には「ともだち」という言葉で関係性が表現されています。物語中にも「ともだち」と表現してもよいところを作者（訳者）はあえて、「親友」「親愛」という一歩踏み込んだ関係性を示す言葉を用いています。この言葉の違いは、幸せな気持ちでお手紙を待つ二人の四日間という時間の解釈にも影響を与えます。

　このようなことに子どもたちが気づいていくと、一つ一つの言葉に敏感になります。「どうしてこの言葉が使われているのだろう」とか「他の○○という言葉ではなく、なぜこの言葉なのだろう。どんな意味があるのかな」などと言葉から受ける印象と作者や筆者がその言葉を選択した意図をよく考えるようになるのです。このように、言葉にこだわることで子どもたちの言語感覚は研ぎ澄まされていくのです。

本書の構成は、一つの言葉につき見開き（2ページ）で紹介しています。二〇二四（令和六）年度より改訂された小学校国語の新教科書（光村図書版・東書書籍版）の単元から重要な言葉をピックアップしました。1ページ目には、イラスト（写真）と言葉の説明・使い方が載っています。まずはここをよく読み、教師が言葉の意味を知りましょう。また、「使い方」で示される例文は、低学年の子どもたちにそのまま伝えて伝わる文になっています。2ページ目には、実際の授業でその言葉を皮切りに子どもたちの読みを深めていくアイデアや子どもたちとのやり取り例を載せました。学級の子どもたちの実態に合わせてご活用ください。

本書が、より多くの先生方の国語科授業の助けとなり、言葉のおもしろさ・豊かさに気づく子どもが増えていくことを願っています。

二〇二四年二月

土居正博・沼田拓弥・三浦剛

目次

第1章 一年生 読みを深める教科書の言葉 7

かぜが ふきはじめる 8
つぼみ 10
あさがお／はす／ききょう 12
ねじれる 14
ふくらむ 16
かぶ 18
とうとう／やっと 20
おおげんか 22
かくれんぼ 24
へんしん 26
かえって いく 28
くらべる 30
いろいろな 32
その ために 34
きこりの ふうふ 36
生まれたばかり 38
ずうっと／ずっと 40
ぼく／みんな 42

column 「〜したい」を引き出す言語環境を創る！ 44

第2章 二年生 読みを深める教科書の言葉 45

はる 46

ちえ …… 48
このように …… 50
まぐろ …… 52
くらい　海（うみ）の　そこ …… 54
もちばを　まもる …… 56
長い一日 …… 58
手紙 …… 60
ふしあわせ／しあわせ …… 62
かたつむり …… 64
親愛《あい》／親友 …… 66
花火 …… 68
まず／つぎに／それから …… 70
たからもの …… 72
見なれない …… 74
風の音／海の音 …… 76
一生けんめい …… 78
そっと …… 80
ひみつ …… 82
ロボット／新しいロボット …… 84
かしこい …… 86
にもつ …… 88
しせつ …… 90
あんない …… 92
あぶないばしょ …… 94
また／ほかに …… 96
～でしょうか …… 98
こんな話 …… 100
ただのひつじかい …… 102
うつくしい音 …… 104
どうぶつ園 …… 106
読みくらべる …… 108
じゆうじざい …… 110

引用教科書一覧

『こくご 一上・下』令和六年度版（光村図書）
『こくご 二上・下』令和六年度版（光村図書）
『あたらしい こくご 一上・下』令和六年度版（東京書籍）
『あたらしい こくご 二上・下』令和六年度版（東京書籍）
※本文を一部省略した場合は、「……」と表記しています。

●本書をつくるにあたって、右記の辞書を参考にしました。

・金田一京助編（二〇一九）『例解学習国語辞典 第十一版』小学館
・甲斐睦朗編（二〇一九）『小学新国語辞典 三訂版』光村教育図書
・見坊豪紀編（二〇二二）『三省堂国語辞典 第八版』三省堂

第1章

一年生
読みを深める教科書の言葉

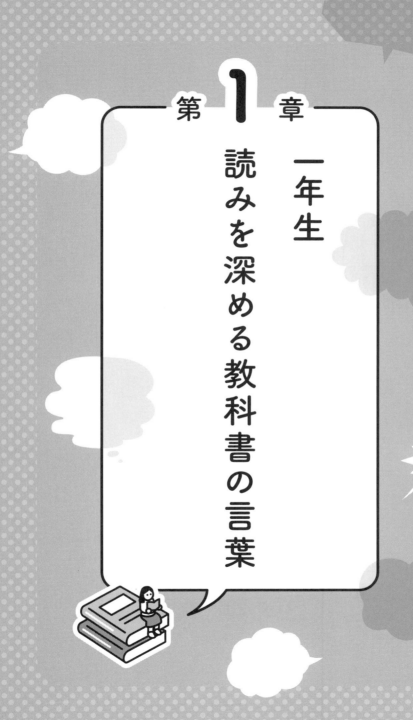

かぜが　ふきはじめる

「あたたかい　**かぜが**　**ふきはじめ**ました。」

（光村1年上36頁『はなの　みち』）

【意味】

・「かぜ」＝空気の動き。

・「ふく」＝風が流れて動く様子。

・「はじめる」＝止まっていたものなどが、動き出すこと。

【使い方】

・天気《てんき》よほうを　見《み》たら、ごごから　つよい　**かぜが**　**ふきはじめる**　みたいだよ。

・きょうは　あついけれど、**かぜが**　**ふきはじめ**たから　すこし　すずしくなりました。

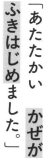

授業での活用・学びを深める

「はじめる」という言葉は、0から1を生み出すことを表します。これまで感じていなかった暖かい風が物語の中に登場します。「あたたかいかぜがふきました」という表現と比較することで、その違いをより明確にすることができます。「ふきはじめる」という表現にすることで変化の訪れを表すとともにその続きもイメージすることができます。この暖かい風が吹いたことによって、物語がどのように変化するのかを子どもたちと話し合ってみましょう。

『かぜがふきはじめました』と『かぜがふきました』では、どんな違いがありますか」と尋ねれば、子どもたちから以下のような反応が返ってくるでしょう。

・「かぜがふきました」だと、本当は続きがあるのに、それで終わりって感じだね。
・「あたたかいかぜ」が吹くと春がやってくるので、動物とか植物も動き始めるんじゃないかな。
・確かに、お話の中でも風が吹いた後に花の一本道ができているよ。

この風が吹いたことによって春が訪れます。このように、言葉を比較させるだけでも、風が吹いた後の変化を捉えることができます。また、「歩きはじめる」「話しはじめる」「食べはじめる」のように「〜しはじめる」という他の言葉を子どもたちと考えて共有することも言葉の世界を広げる上で大切な活動です。

つぼみ

「つぼみ」

（光村1年上54頁『つぼみ』）

画像提供：ピクスタ

【意味】

・花が開く前のもの。花のまだ開かないうちのもの。

【使い方】

・けさ、あさがおの **つぼみ**を 見《み》つけたよ。もうすぐ 花《はな》が さくね。

・花《はな》の **つぼみ**が ふくらんで きました。

・なの花《はな》の **つぼみ**は りょうりして たべることが できます。

授業での活用・学びを深める

この説明文の題名が「つぼみ」です。花が開いたきれいな状態ではなく、あえてつぼみに注目したところに、この文章のおもしろさがあります。つぼみの様子を「ねじれた」「ふくらんだ」「ふうせんのようなかたち」という言葉を用いながら紹介しています。そして、その後の花が開いたときの様子につなげながら紹介することで、その変化を理解することができます。

また、いずれの事例も「これは、なんのつぼみでしょう」という問いかけによって読者を引きつけていています。

もし、これらのつぼみがお話をすることができたとすればどんなことを語るでしょうか。子どもたちとつぼみの写真に吹き出しを付けて、会話文を考えてみましょう。

・ぼくはねじれているよ。どんな色の花が咲くのか楽しみでしょう？（あさがお）

・私は、つぼみが大きいの。大きくふくらんで花びらもたくさんあるのよ。（はす）

・私は、形が風船みたいでおもしろいでしょう。花びらは五つに分かれるのよ。（ききょう）

説明されている「つぼみ」の会話文を考えるだけでも、文章に躍動感が生まれます。花が開く前のつぼみたちが会話している様子を想像させてもおもしろい声が聞こえてきそうですね。

あさがお はす ききょう

「これは、あさがおの　つぼみです。」

「これは、はすの　つぼみです。」

「これは、ききょうの　つぼみです。」


（光村1年上56・58・60頁『つぼみ』）

はす

あさがお

ききょう

画像提供：ピクスタ

【意味】

・「あさがお」＝ヒルガオ科のつる草。夏から初秋の朝、らっぱのような形の花が咲き、午前中にしぼむ。
・「はす」＝池や沼などに生え、夏に白やピンクの花が咲く。
・「ききょう」＝秋、美しい青紫色や白色の、先端が五つに分かれた星型の花を咲かせる。

【使い方】

・ことしも　**あさがお**の　たねを　にわに　まいたよ。
・ほとけさまは、**はす**の　花《はな》の　上《うえ》に　すわって　います。
・山《やま》に　あそびに　いった　とき、**ききょう**の　花《はな》が　さいて　いるのを　見《み》つけたよ。

授業での活用・学びを深める

「あさがお」は、子どもたちも学校で育てたことがあり、身近な花といえるでしょう。一方、「はす」や「ききょう」は、「見たことがない」という子も多く、教科書の言葉や写真から実物の花をイメージしなければなりません。おそらく、そのイメージにはズレも生まれるはずです。このズレこそ、学びを生み出す大きなチャンスです。

授業では、三種類の花を比べながら、問いかけると思考が深まります。たとえば、「一番おもしろいなと思ったつぼみはどれ？」や「一番不思議だなと思ったつぼみはどれ？」といった具合です。すると、子どもたちは自然と三つのつぼみを比較しながら、情報を読み取ります。

・私は、あさがおかな。ねじれていたはずなのに、勝手にほどけるところがおもしろかった。どうして、最初はねじれているんだろう。

・ぼくは、ききょうです。風船みたいなつぼみだから。パーンって割れるように開くのかなと思っていたけれど、先の方から分かれて開くのがびっくりでした。

このように、自分の選択したつぼみについて語り合う中で、それぞれのつぼみの特徴を明らかにしていきます。まずは、このような比較を通して、三種類のつぼみの様子を丁寧に把握することで、細かな言葉に着目するための土台を築きましょう。

ねじれる

「ねじれた　ところが　ほどけて、
だんだんと　ひろがって　いきます。」

（光村1年上56頁『つぼみ』）

【意味】
・直線状のものなどが、ひねられたように曲げられる。よじれる。

【使い方】
・おとうさん、ネクタイが　ねじれて　いるよ。
・ホースが　ねじれて　いたから、水《みず》が　出《で》なかったんだね。
・ドライヤーの　コードが　ねじれて　いる。

授業での活用・学びを深める

「ねじれる」の後はそのねじれがほどけ、だんだん花びらが広がっていく様子が紹介されています。教科書の写真を見ればその様子がわかりますが、文字だけでは「ねじれる」つぼみの様子は、よくわからないのではないでしょうか。そこで、子どもたちには、体全体を使って「ねじれる」を表現させてみましょう。

子どもたちに、「あさがおのつぼみがねじれている様子や、そこから花が開くまでの様子をあさがおになりきって、体で表現してみましょう」と活動の指示を出します。教科書の文章を音読する役の子と体で表現する役の子のペアを作り、ペア活動にするとよいでしょう。

・はじめは、体をギュッとねじっています。ここから少しずつねじれが解けていきます。

・ギュッとしながら、同じ体勢でいるのはきついです。早く解きたいです……。

・だんだんとねじっていた部分が広がって……花びらが見えてきます。花びらが見えてきましたか。どうですか。きれいな

このように体でつぼみの様子を表現しながら、子どもたちに自分の動きの解説を加えさせます。子どもたちはなりきっているので、会話しているような言葉を述べることもあるでしょう。体と言葉を使って表現することで、楽しくつぼみの成長過程への理解を深めることができます。

ふくらむ

「おおきく　ふくらんだ　つぼみです。」

（光村1年上57頁『つぼみ』）

【意味】

・ものが中の方から、ふくれて大きくなる。

【使い方】

・ふうせんが　ふくらむ。
・たべすぎて　おなかが　ふくらんだよ。
・いもうとが　ほっぺを　ふくらませて
おこった。

授業での活用・学びを深める

これは「はす」のつぼみの様子です。つぼみの中にはたくさんの花びらが集まっています。これらがさまざまな方向へ離れることできれいな花が咲きます。ここでも「ねじれる」で紹介した動作化の活動を取り入れます。「ねじれる」のときには個人（ペア）での動きでしたが、「ふくらむ」では、三〜四人のグループでつぼみから花が開くまでの様子を表現します。複数人で行うことで、花びら一枚一枚が離れて、広がる様子を表現させるためです。

「あさがおのときにやったように、はすのつぼみの様子も体で表現してみましょう。今度は、グループのメンバーで力を合わせてやってみます。どのように動いたら、ふくらんだはすのつぼみが開く様子を表すことができるか、よく話し合ってみてくださいね」

・ふくらんだ様子は、手をつないで丸い形を作ってみたらどうかな。

・「いちまい　いちまいのはなびらが、はなれていきます」ってあるから、順番に離れて開いていったらいいんじゃないかな。

・写真を見ると段になっているから、上の人と下の人に分かれたらどうかな。

低学年は、頭だけではなく体を動かすことによって、実態の伴った言葉の学びへとつなげることができます。話しながら理解が深まっていく様子をたくさん見ることができるでしょう。

かぶ

「おおきな　かぶ」
（光村1年上66頁／東書1年上82頁『おおきな　かぶ』）

画像提供：ピクスタ

【意味】

・アブラナ科の植物。根は球形にふくらみ、食用となる。春の七草の一種。

【使い方】

・はたけの　かぶが、こんなに　大《おお》きく　なったよ。
・おかあさんが　かぶの　おみそしるを　つくって　くれました。
・日本《にっぽん》には　たくさんの　しゅるいの　かぶが　あります。

授業での活用・学びを深める

料理では、漬物や味噌汁の具、煮物などで食べられることの多い「かぶ」ですが、子どもたちにとってあまり馴染みがないでしょう。ましてや、かぶを抜く経験はほとんどないかもしれません。まずは、かぶについて、イメージを共有するところから始めましょう。そして、物語の中では、人間の大きさをはるかに超える大きさのかぶは、他のものにたとえると何と同じくらいの大きさになるのか、挿絵を頼りにしながら話し合ってみましょう。

そんな巨大なかぶをおじいさん、おばあさん、孫、犬、猫、ねずみの六人がかりで抜くわけです。相当な力が加わっていることでしょう。そんなリアルな状況を話し合うことで、物語で繰り返し登場する「うんとこしょ、どっこいしょ」の掛け声に対する解釈も変わってきます。

・ぼくの体の何個分だろう。自動車くらいの大きさかな。

・子どもたちだけだったら何人で抜けるかな。クラスのみんなの力を合わせたら抜けそうだね。

題名にもなっている「おおきなかぶ」という言葉は、その大きさに注目することで一般的なかぶとの違いを明確にすることができます。まさに現実ではあり得ない「かぶ」の大きさを共有する時間で、物語世界の魅力を感じることができるのではないでしょうか。

とうとう
やっと

「**とうとう**、かぶは　ぬけました。」

（光村1年上74頁『おおきな　かぶ』）


「**やっと**、かぶは　ぬけました。」

（東書1年上91頁『おおきな　かぶ』）

【意味】

・「とうとう」＝ついに。結局。

・「やっと」＝時間や労力を使った上で、どうにか思いどおりになる様子。ようやく。

※どちらもいろいろあった挙句に、ある一定の事態に至る様子を表す副詞。

【使い方】

・**とうとう**　ぼくの　ばんが　きた。

・なん日《にち》も　かかったけれど　**とうとう**　できあがりました。

・**やっと**　はるに　なった。

・しゅくだいが　**やっと**　おわった。

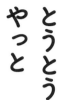

授業での活用・学びを深める

「とうとう」は時間経過の結果を表します。その時間の長さは、想定以上に長い時間がかかってしまったときでしょう。『おおきなかぶ』においても、かぶが抜けるまでにはかなりの時間がかかったのではないでしょうか。「とうとう」という一言で、かぶを抜くまでの苦労が伝わってきます。似た意味を表す言葉に「やっと」があります。実際、光村図書（西郷竹彦訳）では、「とうとう」になっていますが、東京書籍（内田莉莎子訳）は「やっと」という言葉になっています。この二つの言葉を比較することでニュアンスの違いを話し合うこともできます。

かぶが抜けた場面を扱うとき、『「とうとう（やっと）」』って書かれているけれど、具体的にはどれくらいの時間がかかったんだろうね」と尋ねてみましょう。

・おじいさんは、最初は簡単に抜けると思っていたのかな。自分一人でもいける！って思って始めたと思うよ。「とうとう（やっと）」はおじいさんの疲れた気持ちが入っていると思う。

・次々に人を呼んでいる時間も、かぶを抜いている人たちは、ずっと頑張っていたんじゃないかな。だから、何時間も頑張って抜いていたのかな。

副詞を扱う際には、そのニュアンスを丁寧に共有しましょう。意外と読み飛ばされがちな副詞ですが、そこを深掘りすることで新たな読みの世界が見えてきます。

おおげんか

「あおむしたちは　おおげんか。」

（光村1年上105頁『やくそく』）

【意味】

・「おお（大）」＝程度が甚だしい様子を表す。
・「けんか」＝口や腕力を使って争うこと。
※「げんか」は連濁。例：大太鼓（おおだいこ）

【使い方】

・きのうも　おねえちゃんと　おかしの
とりあいで　**おおげんか**した。
・アウトか　セーフかで　**おおげんか**に
なった。
・だれかと　**おおげんか**を　した　ことは
ありますか。

授業での活用・学びを深める

このときのあおむしたちのけんかは、どのような様子だったのでしょうか。物語の文章に書かれている言葉（会話文）以外にも、実際にはもっといろいろな声が聞こえてきそうです。ただの「けんか」ではなく、「おおげんか」なのです。まずは、この二つの言葉の違いから登場人物の様子をイメージさせましょう。

「あおむしたちは、普通のけんかをしていたのかな」と尋ねると「いや、『おおげんか』って書いてあるよ。だから、けんかよりもっとひどいと思う」という反応があるでしょう。その上で、「あおむしたちの『おおげんか』ってみんながけんかするときと似ているかな」と問いかけると次のような意見が出されるでしょう。

・おおげんかだから、叩いてしまったりはしなかったのかな。

・仲直りをするのにも普通は時間がかかるよね。でも、あおむしたちはすぐに仲直りしているね。普通のけんかならお互いに「ごめんなさい」って言えば、許し合えると思うけれど……。

・大きな木に「うるさいぞ」って突然言われて、けんかしていることを忘れちゃったのかな。

けんかは多くの子どもたちが友達や兄弟姉妹との関係の中で経験しています。この経験知を引き出すことで、登場人物の言動について考えを深めることができます。

かくれんぼ

「うみの　かくれんぼ」
（光村1年上112頁『うみの　かくれんぼ』）

【意味】

・伝統的な子どもの遊びの一つ。一人が鬼になり、鬼が目をふさいで数を数えている間に、他の人は物陰などに隠れる。鬼は目を開けて、隠れている人を探し出す。「かくれんぼう（隠れん坊）」とも。

【使い方】

・みんなで　**かくれんぼして**　あそぼうよ。
・**かくれんぼする**　もの　この　ゆび　とまれ。
・川《かわ》で　おさかなと　**かくれんぼする**。

授業での活用・学びを深める

生き物が海の中に隠れている様子を「かくれんぼ」という子どもたちの遊びにたとえています。このたとえによって、子どもたちの興味は大きく引き出されます。「どんなかくれんぼをしているのかな」「どのように隠れているのかな」とイメージしながら、文章を読むことができます。海の生き物が上手に隠れているところを見つけるおもしろさに子どもたちは、興味を抱きます。「どの生き物が一番、かくれんぼが上手かな」と問うだけでも、一人一人が理由をもって語り出す姿がイメージできるでしょう。

さらに、「みんながこれら三つの生き物だったら、どの生き物になってかくれんぼをしてみたいですか」と尋ねると次のような反応があるでしょう。

・私は、「はまぐり」です。砂の中にすぐ隠れることができるからです。

・ぼくは、「たこ」です。色が変わるってかっこいいです。どうやって色は変わるんだろう。

・私は、「もくずしょい」です。「へんしん」してみたいからです。

紹介されている生き物に同化させることで、それぞれの生き物の特性を子どもたちに語らせる活動です。「かくれんぼ」の経験が豊富な子どもたちだからこそ、同化する活動が有効に働きます。お互いが語る「かくれんぼ」の経験も共有しやすいでしょう。

へんしん

「かいそうなどを　からだに　つけて、
かいそうに　**へんしん**するのです。」
（光村1年上116頁『うみの　かくれんぼ』）

【意味】
・体や姿を、他のものや色、形に変えること。

【使い方】
・へんしんして　かいじゅうと　たたかう
ヒーローに　なりたい。
・きみは　なにに　**へんしん**したいですか。
・はっぱや　木《き》の　えだに　**へんしん**する
虫《むし》が　います。

授業での活用・学びを深める

隠れ方の一つの方法です。「隠れる」「へんしん」では、どのような違いがあるのかを話し合うことで、筆者がこの言葉を用いた意図が見えてくるでしょう。「へんしん」とは、隠れるだけでなく、模倣物と一体になることで身を守るということです。身を隠すより、さらに高度な隠れ方であるといえるでしょう。その上で、説明文の中で紹介されている事例も筆者がどのような順序や事例選択の意図をもって書いているのかを考えることができます。

「みんなの知っている『へんしん』ってどんなものがありますか」と尋ねると、おそらく「ウルトラマン」とか「仮面ライダー」といったキャラクターの名前が聞こえてくるはずです。

続いて、「もし、みんながかくれんぼをしているときに、隠れている人が変身していたらどう?」と聞いてみましょう。

・絶対、見つけられないよ。まさか、変身しているなんて思わないもん。ずるい!

・ただ何かの陰に隠れるだけじゃないから、もっと上手に隠れていることになるよね。

この「かくれんぼ」では、単純に「物陰に姿を隠す」だけではなく、「へんしん」することでより高度な隠れ方をしていることがわかります。これも言葉や具体的な様子を比べてみたからこそ、見えてくる部分です。

かえって　いく

「青い　空の　なかへ　かえって　いきました。」

（光村1年下15頁『くじらぐも』）

【意味】

・「かえる（帰る）」＝ある場所から自分の家や、元の場所に戻る。

・「いく」＝（《補助動詞》動詞の連用形や「〜て（で）いく」の形で）物事が進む。引き続く。動きに方向や継続・変化をもたせる。

【使い方】

・ともだちが　いえに　かえって　いきました。

・みんなで　いっしょに　ならんで　いきました。

・だんだん　人《ひと》の　かずが　ふえて　いきます。

授業での活用・学びを深める

「青い空のなかへきえていきました」と表現されそうなところを、作者は「かえっていきました」と表現しています。くじらぐもがだんだん離れていき少しずつ小さくなっていく様子が頭の中に浮かぶ表現です。くじらぐもとの楽しい時間を一緒に過ごした子どもたちと先生は、「かえっていく」くじらぐもを見つめながら、どのようなことを考えていたのでしょうか。

物語に登場する子どもたちに同化させながら、「みんなが物語の中の子どもたちだったら、どんなことを考えながらくじらぐもを見つめますか」と尋ねてみましょう。

・みんなで空に飛ぶことができて嬉しかったよ。一生忘れないよ。
・もっと一緒に遊びたかったな。午後の授業にもまた来てくれないかな。
・今度、また会えたときにはもっともっと遠い所まで連れていってね。
・ぼくたちも元気に頑張るから、くじらぐもさんも元気でね。また会おうね。

物語中の登場人物に同化させる読みの活動です。教室で発言する子どもたちの言葉を聞いていると、またくじらぐもに再会したい思いや願いが込められていることがよくわかると思います。低学年の子どもたちは、同化させながら語らせることで、イメージを具体的にしつつ、意見を交流することができます。

くらべる

「じどう車**くらべ**」

（光村1年下30頁『じどう車くらべ』）

【意味】

・二つ以上のものの同じところや違うところなどを調べる。

・競う。競争する。

※「くらべ」は「くらべる（比べる）」の連用形が名詞化したもの。（例：我慢くらべ）

【使い方】

・せい**くらべ**を　しようよ。

・おにいちゃんの　くつと　ぼくの　くつの　大《おお》きさを　**くらべる**。

・きのうに　**くらべる**と、きょうの　ほうが　さむい。

授業での活用・学びを深める

ここまでの授業案の中でもいくつか「くらべる」ことを通して言葉の世界を広げる提案をしました。「くらべる」ということは、視点をもって事柄を見つめ直すことでもあります。自動車であれば「大きさ」「タイヤの数」「走るスピード」などで比べることができます。「どんな視点で比べるのか」によって見えてくるものは変わってきます。教科書で紹介されている「バス・じょうよう車」「トラック」「クレーン車」以外にも、比べてみたい自動車を尋ねてみましょう。子どもたちなりの視点で車を選択する姿が見られます。

・ぼくは、「パトカー」と比べてみたいな。赤いサイレンがついていて、道路もスピードを出して走ることができるよね。犯人を捕まえるために急いでいるからね。

・私は、ゴミ収集車と比べてみたいな。たくさんのゴミを集められるように、大きなポケットがついているよね。普通の車にはあんなに大きなポケットはついていないから。

読み手は、文章から漠然と情報を一つずつ受信するのではなく「くらべる」という視点をもつことによって、情報を整理することができます。これらの整理された情報を用いることで、思考は深まります。そして、この活動のように「くらべる」ことによって新たな事例につなげる思考の素地を育てることもできます。

いろいろな

「いろいろな　じどう車が、どうろを
はしって　います。」
（光村1年下30頁『じどう車くらべ』）

【意味】
・異なる事物や状態などの数が多いこと。また、その様子。あれこれ。さまざま。種々。

【使い方】
・どうろには　いろいろな　車《くるま》が　はしって　いるね。
・これから　いろいろな　本《ほん》を　よんで　みたい。
・わたしの　いえの　ねこは、いろいろな　なきごえを　出《だ》します。

授業での活用・学びを深める

「いろいろな」は、いくつかの具体的な事柄をまとめている言葉です。このような言葉は、主に中学年の文章になると頻繁に登場します。他にも「さまざまな……」「たくさんの……」「多くの……」「これらの……」「とても……」といった言葉が挙げられます。このような抽象度の高い言葉は、その内容を尋ねるだけで（今回の場合、「いろいろな」とは何ですか、と尋ねる）、子どもたちが教科書に出てくる具体的な内容を語り出します。

「この説明文に書かれている『いろいろな』とは、どんなことですか」

・「人を乗せる」とか「荷物を乗せる」とか、大きさも「大きい」とか「小さい」とかのことだと思います。

・「色」とか「形」とか「走るスピード」とかも「いろいろな」に入ってくると思うよ。自動車の名前もみんなで出してみたらたくさん出てくると思う。

このように抽象度の高い言葉を文章から抽出して、子どもたちに尋ねることによって、「抽象と具体」を行き来できる言葉の力の素地を育むことができます。教材研究の際には、「どの言葉に注目させれば、文章全体を視野に入れながら語らせることができそうかな」と考えながら、言葉を吟味してみましょう。

その ために

「**その ために**、どんな つくりに なって いますか。」

（光村1年下30頁『じどう車くらべ』）

【意味】

・「その」＝すでに述べた事柄に関係する意を表す語。「こそあど言葉」の一種。
・「ため」＝それが目的であることを表す。……の目的で。
・「に」＝「目的」を表す格助詞。

【使い方】

・しょうぼう車《しゃ》は　人《ひと》を　たすける　のりものです。**その　ために**、大《おお》きな　はしごが　ついて　います。
・せんぷうきは　かぜを　おくる　きかいです。**その　ために**、はねが　まわります。

授業での活用・学びを深める

この言葉の前後にある内容をつなぐ言葉です。この説明文では、「しごと」と「つくり」をつないでいます。つまり、自動車は各々の「しごと」に合わせた「つくり」になっていることを表しています。「そのために」という言葉を使いこなせるように、教科書の事例と同じように「しごと→そのために→つくり」という順序で新たな事例をたくさん出してみましょう。

・パトカーは、悪いことをした犯人を捕まえるための車です。そのために、スピードを出して道路を走ることを周りの車に知らせる赤いサイレンが付いています。

・宅配便の車は、一日にたくさんの荷物を届ける仕事をしています。そのために、荷物をたくさん乗せることのできる荷台が付いています。

・コンクリートミキサー車は、工事現場にコンクリートを運ぶ仕事をしています。そのために、コンクリートが工事現場につくまでに固まってしまわないように、コンクリートを入れている部分がぐるぐると回り続けるつくりになっています。

この活動のように、「使い慣れることで体に染みついていく知識」もたくさんあります。最初からすべてを理解させようとするのではなく、まずはどんどん体験させることで次第に言葉の使い方を理解していくことも多いのではないでしょうか。

きこりの　ふうふ

「むかし、ある　山おくに、**きこりの**
ふうふが　すんで　いました。」
（光村1年下44頁『たぬきの　糸車』）

【意味】

・「きこり」＝山林で木を切り出すことを仕事にしている人。
・「ふうふ（夫婦）」＝結婚している男女。夫と妻。

【使い方】

・むかしばなしの　本《ほん》で　**きこりの**　人《ひと》の　はなしを　よんだ　ことが　あるよ。
・おとうさんと　おかあさんは、けっこんして　ふうふに　なりました。

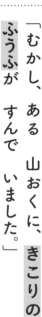

授業での活用・学びを深める

あえて「ふうふ」で登場させるところにこの物語のおもしろさがあります。たぬきが罠にかかり、おかみさんが逃してあげた晩、「きこりのふうふ」は食事をしながら、どのような会話をしていたのでしょうか。本文には書かれていませんが、子どもたちに想像を委ねることができる行間として扱うことができます。子どもたちに語らせてみると、「きこりのふうふ」がたぬきのことをどのように見ているのか、その違いが会話文に表現されます。

おかみさん「実は今日ね、昼間にあんたの仕掛けた罠にたぬきがかかったんですよ。でもね、私、たぬきを逃してあげたわ」

きこり「どうしてせっかく捕らえたたぬきを逃してしまったんだい！　もったいない！」

おかみさん「なんかね、いたずらをするのはわかっていたんだけれども、毎晩、私の真似を繰り返す姿を知っていたから、ついついかわいく見えてしまってね」

きこり「とはいえ、せっかくの獲物を逃してしまうなんて！　また、いたずらされてもしらないからな。ちぇっ……」

文学作品にはたくさんの行間が存在します。特に今回のように、脇役の気持ちや行動は描かれずに省略されることがほとんどです。物語を楽しむきっかけとして活用してみましょう。

生まれたばかり

「どうぶつの　赤ちゃんは、**生まれたばかり**の　ときは、どんな　ようすを　して　いるのでしょう。」

（光村1年下80頁『どうぶつの　赤ちゃん』）

【意味】

・「生まれる」＝母体や卵から子が外に出る。誕生する。出生する。

・「ばかり」＝あることからまだ時間が経っていないことを表す。

【使い方】

・わたしは　五月《ごがつ》に　**生まれ**ました。

・さっき　いえに　ついた**ばかり**です。

・**生まれたばかり**の　子《こ》ねこは、まだ　目《め》が見《み》えません。

授業での活用・学びを深める

この言葉は、生まれてすぐの様子を表しています。肉食動物と草食動物の「生まれたばかり」の様子を比べることでその違いを明らかにしています。教室では、よく対比型の表を用いながら、ライオンとしまうまの赤ちゃんの様子を整理する授業が行われます。大人の姿とは違って、か弱いライオンの姿に驚く子どももたくさんいます。一方、自分の命を守るために草食動物のしまうまは、すぐに自分の力で動き出します。

授業では、さらに視野を広げて「人間の赤ちゃん」の「生まれたばかり」の様子と比べてみましょう。子どもたちの経験からたくさんの言葉が生まれます。

「人間の赤ちゃんは、『生まれたばかり』のときは、どのような様子ですか」

・「オギャー」って泣いて生まれます。最初は、お母さんに抱かれて自分では何もできません。

・言葉を話すこともできません。食べ物も最初はミルクだけです。

・成長してくると、ゴロゴロしたり、ゆっくり歩いたりすることができるようになってきます。

低学年のうちは、知識や経験はまだまだ少ない段階ですが、一人一人の言葉を教室でつないでいくことで学びを深めることができます。このように自身の経験から生まれる言葉をたくさん引き出して交流する中で子どもたちの語彙が増えていきます。

ずうっと ずっと

「ずうっと、ずっと、大すきだよ」
（光村1年下108頁『ずうっと、ずっと、大すきだよ』）

【意味】
・「ずうっと」＝「ずっと」を強めた言い方。
・「ずっと」＝一つの状態を長い間続ける様子。

【使い方】
・まえから　**ずうっと**　ほしかった　ゲームを、やっと　かって　もらったんだ。
・おかあさんは　さっきから　**ずっと**　でんわで　しゃべって　います。

授業での活用・学びを深める

　ちょっとした表記の違いで、言葉の感じ方は大きく変わってきます。「ずっとずっと」ではなく、「ずうっと」という言葉が使われます。また、「ずうっと、ずうっと」でもないのです。あえて、「ずうっと、ずっと」という二つを組み合わせた表記からは、作者（訳者）のこだわりがうかがえます。「ずうっと」とすることで「時間の長さ」や「主人公の気持ち」「エルフへの愛」が伝わってきます。子どもたちにもこの違いを意識できるように尋ねましょう。

「みんなだったら、『ずっと』ではなく『ずうっと』という言葉はどんなときに使いますか」

・ぼくは、クリスマスでサンタさんからプレゼントをもらえるのを「ずうっと」楽しみに待っていて、夜も眠れませんでした。

・私は、二歳のときから「ずうっと」ピアノを習っています。今でも大好きです。

・ぼくは、これから先も「ずうっと」パパとママのことが大好きです。

日常生活の中から「ずうっと」を使う具体的な場面を探すことで、言葉の距離をグッと子どもたちに引き寄せることができます。物語作品の中で使われる言葉は、文学的な表現も多いため、自分とはかけ離れた存在になりがちですが、日常生活と結び付けることでその距離を縮めることができます。

ぼく
みんな

「エルフと　**ぼく**は、まい日　いっしょに
あそんだ。」
「**みんな**は、エルフの　こと、大すきだった。」
（光村1年下110頁『ずうっと、ずっと、大すきだよ』）

【意味】

・「ぼく」＝男子が自分を指して言うときに使う言葉。親しい人や年下の人と話すときなどに使う。

・「みんな」＝すべての人やもの。「みな（皆）」を強めた言い方、あるいはくだけた言い方。

【使い方】

・どう　しよう。みんなが　ぼくを　見《み》て　いるぞ。

・ぼくの　はなしに、クラスの　みんなが　わらった。

・ぼくの　かぞくは　みんな　本《ほん》を　よく　よむ。

授業での活用・学びを深める

「ぼく」と「みんな」は対照的な存在として描かれています。また、このお話は、「ぼく」という一人称視点で描かれている物語です。特に、エルフが死んでしまった場面では「ぼく」と「みんな」の違いが強調して描かれています。「ぼく」は「みんな」と違って、日頃からエルフにたくさん声をかけて、愛情を注いできていたのです。

そのような違いを明確にするために、「物語の中でエルフが死んでしまったとき、『ぼく』が『みんな』よりも、『いくらか気もちがらくだった』と書かれているのは、エルフのことをそんなに大事にしていなかったからだよね」と揺さぶりをかけてみましょう。すぐに子どもたちは、以下のような発言をするでしょう。

・違います！　その逆で、「ぼく」はエルフのことが大好きだったんだよ。
・「ぼく」は「みんな」と違って、毎晩、「ずうっと、大すきだよ」って声をかけてあげていたから、お別れする気持ちがちょっとだけ楽だったのだと思う。
・もし、家族のように何も伝えられていなかったら、悲しさも倍だったと思う。

「ぼく」の気持ちを読み取るために「みんな」との言動を比べています。ここでも「比べる」ことでより「ぼく」の気持ちが明確に見えてきました。

column

「〜したい」を引き出す言語環境を創る！

低学年の子どもたちの心は、たくさんの「〜したい」であふれています。国語の授業に当てはめれば、「読みたい」「書きたい」「話したい」「聞きたい」などです。子どもたちの言葉の力を育むためには、好奇心をくすぐりながら、教室環境も含め、言語環境を子どもと共に創ることが大切です。そして、低学年では特に「話したい」「聞きたい」の２つを育てることが大切だと考えています。なぜなら、「話す・聞く」活動は、「書く」「読む」に比べて、負担感が少なく取り組みやすい活動だからです。まずは、ここを入り口にたくさんの「〜したい」を引き出しましょう。

まず、「話したい」を引き出すためには、聞き手を育てることが大切です。「相槌を打つ」「質問をする」といった相手への関心を示す聞き方を指導し、話し手が話しやすい環境を創ります。話し手を育てるのは、よき聞き手の存在なのです。

また、この話す力を伸ばすことは、書く力へとつながっていきます。話し言葉から書き言葉への接続は、低学年という時期における大きな壁の一つです。この壁を乗り越えるには、まず「話せる」ことが最初の一歩です。ペアトークを中心に気軽に話せる場を設定し、話す活動を行ないます。その内容を「書く活動」へとつなぐことで「話したい」が「書きたい」へと広がっていきます。

一方、「聞きたい」は、教師が途中まで話をして、続きが気になる状況を作ることで引き出せます。つまり、子どもたちから「訊きたい」を引き出すのです。「どんなことが知りたい？」と問いかけ、「尋ね訊く」ことができる環境を設定します。これが自然にできるようになると、どの教科においても学びの質がグッと高まります。

低学年の国語は、年間総時数300時間（週9時間）以上を占める大切な教科です。国語授業の充実が子どもたちの言葉を豊かにすることは言うまでもありません。言葉の学びを日常生活と結び付けながら、子どもたちと一緒に教師も楽しみましょう。

第2章

二年生
読みを深める教科書の言葉

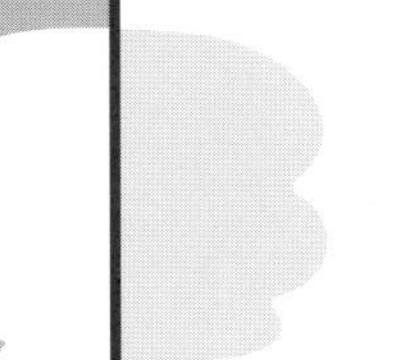

はる

「でも、**はる**かぜが　まだ　こない。」

（光村2年上24頁「ふきのとう」）

【意味】

・四季の一つ。冬のあとで、夏の前の季節。現在の日本では三月から五月頃まで。暦の上では、立春から立夏の前日まで。草木が芽を出し、いろいろな花が咲く。旧暦では一月から三月頃までの時期。

【使い方】

・**はる**が　来《き》た。
・**はる**に　なると、たくさんの　花が　さきはじめます。
・日本には、**はる**、なつ、あき、ふゆの　四つの　きせつが　あります。

授業での活用・学びを深める

「はる」といえば、出会いと別れの季節。新年度になり、子どもたちの心の中にもさまざまな「春」が訪れているでしょう。また、春には多くの草花が見られます。「春」という言葉からイメージされる物事について交流しながら、「ふきのとう」の物語を味わいましょう。

授業では、「みんなは『はる』と聞くとどんなことを頭に思い浮かべますか」と尋ねてみましょう。すると、以下のような声が聞こえてきます。

・桜やたんぽぽとかの植物が思い浮かぶよ。
・だんだん暖かくなってくるよね。
・入学式だね。新しい一年生も入ってくるよね。懐かしいな〜。

これらイメージの広がりは、板書を使って可視化することができます。黒板中央に「はる」と書き、そこから周りに言葉が広がっていく形で言葉をつないでみましょう。全体的に明るく、温かみのある言葉が広がるはずです。一方、「冬」という言葉からイメージできる言葉も連想させると、「春」とは対照的に暗く、冷たいイメージの言葉が出てきます。「ふきのとう」は、まさにこの「冬」から「春」へと変化する瞬間を捉えた作品です。物語の中で、どのような変化が訪れようとしているのか見つけてみましょう。

ちえ

「たんぽぽの　**ちえ**」
（光村2年上46頁「たんぽぽの　ちえ」）

【意味】

・物事をうまくやっていくために、どうすればよいかを考える頭の働き、またはその能力。

【使い方】

・みんなで　**ちえ**を　出しあおう。
・先生、よい　**ちえ**を　かしてください。
・むかしの　人の　**ちえ**の　中には、今《いま》でもやくに　立つ　ものが　あります。
・わる**ぢえ**が　はたらく。

授業での活用・学びを深める

「ちえ」は「ちしき」とは、似て非なる言葉です。たんぽぽは、自分の子孫を残すため、必死になって知恵を働かせます。たんぽぽは、いったいどんな知恵を働かせているのでしょうか。もしたんぽぽたちが話すことができたら……。あなたには、どんな声が聞こえてきますか。

授業では、「ちえ」を働かせるたんぽぽに吹き出しを付けて、具体的にどんなことを話しているかを想像させてみましょう。たくさんのたんぽぽの悩みや賢さが表現されるはずです。

「たんぽぽは賢いですよね。どんなことを考えて、ちえを働かせているのかな」

・私は体を休ませて、もっと元気になるようにしているよ。人間も寝たら元気になるでしょ。
・私は生えている所からもっと遠くに行けるように、らっかさんになっているよ。
・さらに遠くに行くために、背を伸ばして高いところから飛ばしているよ。
・雨の日には困っちゃう。遠くに行けないから、一度しぼむんだ。

たんぽぽと同化させて、無機質になりがちな説明文学習に躍動感を与える活動です。たんぽぽが話をするように表現させることで、説明文の学習として押さえておきたい内容を楽しく学ぶことができます。ワークシートにまとめた後は、実際に演技をさせたり、インタビュー活動をしたりすることで「書く」→「話す」の活動へとつなげることもできます。

このように

「**このように**、たんぽぽは、いろいろな ちえを はたらかせて います。」

（光村２年上51頁「たんぽぽの ちえ」）

【意味】

・「この」＝連体詞。直前に述べたこと、または、これから述べることを指す語。

・「ように」＝助動詞「ようだ」の連用形。「例示」の意味。

※「このように」は、それまで述べてきた内容を受けて、まとめや結論を述べる場合に使う。

【使い方】

・わたしの べんきょうの しかたは よしゅうを する ことです。弟《おとうと》は かならず ふくしゅうを します。お姉《ねえ》ちゃんは よしゅうも ふくしゅうも するそうです。**このように**、べんきょうの しかたは いろいろ あります。

授業での活用・学びを深める

説明文の学習において、文章の内容をまとめたり、関連付けたりする言葉（指示語など）を使いこなせるようになるには、読解の力が大きく関わります。なぜなら、文章をまとまりとして見たり、つながりの中で考えたりする力が必要になるからです。今回扱っている「このように」という言葉は、今後、中学年・高学年になってからも頻繁に登場する言葉です。また、子どもたちが自分で文章を書くときにも使うことのできる言葉として重要になります。

まずは「最後に書かれている『このように』って、いくつのことをまとめた言葉なのかな」と数を尋ねます。すると、「三つ」や「四つ」といった具合に数にずれが生まれます。ここで初めて、「いくつなのか確認してみましょう」と確認を行う必要性が生まれます。

・「いろいろなちえ」って書いてあるから、「ちえ」をまとめた言葉だと思うよ。
・「ちえ」なら前の時間にみんなでたんぽぽになりきって考えたよね。
・「倒れて栄養を送る」「綿毛でふわふわ飛ぶ」「背を伸ばして遠くに飛ぶ」「雨の日にはしぼむ」の四つだったよね。

低学年において、まとめと全体の関係性を考えることは文章を俯瞰して見る目の基盤を育てます。「このように」の機能を実感させることで説明文読解の基礎となる力を育てましょう。

まぐろ

「……おそろしい　まぐろが、おなかを　すかせて、すごい　はやさで　ミサイルみたいに　つっこんで　きた。」

（光村2年上70頁／東書1年下124頁『スイミー』）

【意味】

・海にすむ、サバの仲間の大きな魚。体長三メートル、体重四百キログラム以上になる種もある。背中は青黒く、腹は白い。肉は赤く、刺身などにして食べる。

【使い方】

・わたしは、**まぐろ**の　おすしが　いちばん　すきです。
・水《すい》ぞくかんで、**まぐろ**が　およいで　いる　ところを　見《み》ました。
・おとなに　なったら　**まぐろ**を　つって　みたいです。

授業での活用・学びを深める

「まぐろ」の存在は、スイミーや小さな魚たちにとっては脅威です。自分の何倍もの大きさの生き物がミサイルみたいに突っ込んでくるというイメージをもちながら文章を読むことが大切です。子どもたちにとってのまぐろはお寿司や食卓に並ぶ、食べ物としてのイメージが強いはずです。スイミーにとってまぐろとはどんな存在であったのかを、自分自身に投影させながら、たとえ話で考えさせてみましょう。

「スイミーにとってまぐろはとても大きな生き物だったよね。みんなにとって、まぐろってどんなものにたとえられるかな」

・ぼくの大好きなティラノサウルスとか。恐竜が襲ってきたらぼくも逃げるしかないもん。
・動物園にいる象とかじゃないかな。あんな大きな動物に襲われたら怖いよね。
・ティラノサウルスも象も絶対、ぼくたちは勝てないよね。それに立ち向かっていったスイミーってすごい勇気だよね。ぼくだったら無理だな。

まずは大きさの違いからリアルな場面を実感させましょう。スピードの速さやそこに立ち向かった出来事にまでイメージを膨らませることで、スイミーの世界に描かれている「まぐろ」をより鮮明にイメージできるようになるでしょう。

くらい 海（うみ）の そこ

「スイミーは およいだ、**くらい** **海（うみ）の そこ**を。*」

（光村2年上71頁／東書1年下126頁『スイミー』）

【意味】

・「くらい（暗い）」＝光が少ない、あるいは光がなくて、よく見えない様子。

・「うみ（海）の そこ（底）」＝海底。海のいちばん下の部分。

【使い方】

・へやが **くらい**から でん気《き》を つけよう。

・せんすいかんで **うみの そこ**に いって みたいです。

・**くらい うみの そこ**に すむ さかなの ことを 本《ほん》で よみました。

*かっこ内は東書版。

授業での活用・学びを深める

スイミーが一人ぼっちで泳ぐ寂しい場面です。「くらい」という言葉と「海のそこ」という場所が、より一層、スイミーの寂しさを表現しています。この「暗い海の底」は、実際どのくらいの暗さだったのでしょうか。「薄暗い」程度なのか、「一寸先も見えない漆黒の闇」だったのか。このイメージの違いだけでも、子どもたちの頭の中に描かれるスイミーの心情は大きくズレてきます。

対照的に、この物語の中には「明るい」ものも描かれています。それは物語中盤のさまざまなすばらしい生き物との出会いの場面です。授業ではスケーリングメーターを用いながら、明暗を数値化することで比較してみましょう。

「スイミーが『暗い海の底』を泳いでいるときと、さまざまなすばらしい生き物と出会ったときの心の暗さ・明るさを数字（1～5）で表してみましょう」

・暗い海の底のときは、1です。一人ぼっちでとても怖かったと思う。
・すばらしい生き物と出会ったときは、3→4→5とだんだん明るくなっていると思う。

スケーリングを用いることでズレを明確にすることができます。ズレが生まれると相手の考えを知りたくなります。これが、子どもたちの学びのエネルギーへとつながっていくのです。

もちばを　まもる

「みんな（、）**もちばを　まもる**　こと。*」

（光村2年上76頁／東書1年下132頁『スイミー』）

【意味】

・「もちば（持ち場）」＝責任をもって受け持っている場所や仕事。

・「まもる（守る）」＝約束や決まりなどに従い、その通りに行う。

【使い方】

・だまって　**もちば**を　はなれないでね。

・ぜったい　しゅうごうじかんを　**まもる**ぞ。

・みんなで　さぎょうを　する　ときは、じぶんの　**もちばを　まもり**、いわれた　しごとを　する　ことが　たいせつです。

＊かっこ内は光村版。

授業での活用・学びを深める

「もちばをまもる」という言葉を聞いて、子どもたちはどの程度イメージをもつことができるでしょうか。しかも、この物語は「みんな」で持ち場を守る様子が描かれます。もし、一匹でも自分の責任を果たすことができなければ、大きなミス（再び敵に襲われてしまう）につながりかねません。このような「責任」や「集団で力を合わせる難しさ」を考えることのできる言葉です。物語の中で描かれているスイミーたちの練習も大変そうです。

「もし、みんなが赤い魚だとしたら『持ち場を守る』とき、どんなことに気をつけますか」

・みんなと動きがズレないように、一つ一つしっかりと合わせます。自分だけズレてしまったら、まぐろにバレてしまうからね。

・小さな声で「一・二・三・四」って掛け声をかけて、みんなで息を合わせた動きになるようにします。体育でも動きを合わせるときに掛け声をかけて合わせているから。

・スピードを合わせて泳ぎます。自分だけ遅れないように気をつけようと思います。

「持ち場を守る」ときの具体的な様子をイメージさせるために同化活動を用います。実際に、十人くらいのチームになって教室で動いてみると、どのような部分に気をつけて「持ち場を守る」のかをより具体的にイメージできるでしょう。

長い一日

「これで、ようやく **長い一日**がおわります。」
（光村2年上131頁「どうぶつ園のじゅうい」）

【意味】

・「長い」＝ある時から、ある時までの時間がたっぷりある。

・「一日」＝午前零時から午後十二時までの二十四時間。または、朝早くから夜遅くまで。

【使い方】

・朝《あさ》早くから、夜《よる》おそくまで　しごとをしてきた　お母《かあ》さんが言《い》いました。
「きょうは　**長い一日**だった」

・まちにまった本が、夜《よる》おそく　やっと　とどきました。
「いやぁ、**長い一日**だったなぁ」

・きのうは　日曜《よう》日で、楽《たの》しかったから　一日が　みじかくかんじたけれど、きょうは　**長い一日**でした。

授業での活用・学びを深める

「長い」という言葉には、筆者の植田さんの「気持ち」が含まれています。一日の時間は、同じ二十四時間であっても、体感が違う日もありますよね。筆者が「長い」と感じた背景には、それだけの大変な出来事が一日の中に詰まっていたということではないでしょうか。「長い一日」の直前に書かれている「ようやく」という言葉にもその「気持ち」が含まれています。

子どもたちには、この「長い」の内容を尋ねることで、文章全体を視野に入れた読解を行うことができるようになります。たとえば、「筆者の植田さんは、忙しかったからきっとあっという間の一日だったよね」と尋ねれば、以下のような声が聞こえてくるでしょう。

・そんなことないよ。最後にも「長い一日」って書いてあるよ。
・朝早くから、ずっと動物園を駆け回っていたからクタクタで疲れているはずだよ。
・私は、ワラビーの歯茎の治療が一番、大変で長く感じたんじゃないかと思ったよ。

教科書の叙述を頼りにしながら、子どもたちのつぶやきをたくさん引き出しましょう。その中で、最後の発言例のように、事例として挙げられている動物についても話し始める子が出てきます。このような子どもが出てきたら、「どの動物のときが一番時間を長く感じていたと思う?」と事例の比較へと思考を誘い、話し合うことで文章への理解もより深まるでしょう。

手紙

「お手紙」

（光村2年下14頁／東書2年下116頁「お手紙」）

【意味】

・用件などを書いて相手に送る文書。便り。

【使い方】

・友《とも》だちにお手紙を書《か》いてみよう。

・手紙をもらったら、へんじを　書《か》きましょう。

・外国《がいこく》にも手紙をおくることができます。

授業での活用・学びを深める

デジタル機器の便利さに光が当たる現代において、手紙の良さを感じる機会は少なくなってきているのではないでしょうか。この作品では、そんな手紙が届くことをひたむきに待つ時間が読者に温かさを感じさせてくれます。

かえるくんとがまくんの温かなやりとり、そして手紙を待つ時間に焦点化する発問として、「今なら、もっと早くメッセージを伝えられるよね。メールとかSNSの方がすぐ届くから、そっちの方がいいんじゃないかな」と子どもたちに尋ねてみましょう。おそらく、瞬時に「ダメだよ！」と子どもたちは猛反対するはずです。教室がたくさんのつぶやきであふれたタイミングで、その理由を聞いてみましょう。

・すぐ届いてしまったら、ドキドキする時間がなくなっちゃうよ。
・二人で玄関の前に座って待つんじゃなくて、「パソコンで確認しました」とかになっちゃう。
・二人で一緒に幸せな気持ちにならずに、バラバラな幸せになっちゃうかも。

子どもたちの理由からは、「手紙を待つ四日間という時間がもたらす意味」や「かえるくんとがまくんが二人で一緒に待つことの価値」が浮かび上がってくるはずです。物語の中には描かれていない行間に光を当てて、読者の想像力で豊かに読み広げることができる授業展開です。

ふしあわせ しあわせ

「……いつもぼく、とても **ふしあわせ**な気もちに なるんだよ。」*1
（光村2年下15頁／東書2年下117頁「お手紙」）

「ふたりとも、とても **しあわせ**な気もちで、そこにすわっていました。」*2
（光村2年下24頁／東書2年下126頁「お手紙」）

【意味】

・「しあわせ（幸せ）」＝嫌なことがなく、満足して過ごせること。恵まれていること。

・「ふしあわせ（不幸せ）」＝しあわせでないこと。不幸。

【使い方】

・大すきな野《や》きゅうせん手《しゅ》のサインがもらえて、**しあわせ**です。

・いっしょにいた ぼくはもらえなかたので、ちょっと **ふしあわせ**な気もちになりました。

*1東書版では「……ふしあわせな 気もちに……」となる。

*2東書版では「二人とも、とても しあわせな 気もちで、そこに すわって いました。」となる。

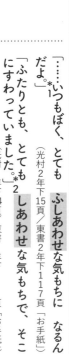

授業での活用・学びを深める

この作品における登場人物の大きな変化は、「しあわせ」と「ふしあわせ」という言葉に凝縮されています。たった一通の手紙が、がまくんにとっては幸・不幸を左右する大きな出来事なのです。幸せの形は人によってさまざまですが、この作品から伝わってくる「しあわせ」は、忙しい日々の中でつい忘れられてしまっている「相手を思う心」の詰まったハートフルな「しあわせ」なのではないでしょうか。

授業では、「この物語の中で一番『しあわせ』だったのは誰でしょう」と尋ねてみましょう。

・私は、もちろん「がまくん」だと思います。ずっと待っていた手紙をやっともらうことができて「しあわせ」な気持ちでいっぱいだったと思います。

・ぼくは、「かえるくん」だと思う。自分の出した手紙で「しあわせ」になってくれたがまくんを見て、もっと「しあわせ」な気持ちになったんじゃないかな。

・私は、「かたつむりくん」です。自分が一生懸命頑張ったことで、二人が「しあわせ」になってくれたのを見て、「やってよかったな～」って感じたと思うからです。

登場人物一人一人の「しあわせ」の形は違います。人物関係を捉えながら考えていくことで、単なるハッピーエンドと結論付けるだけではなく、より深く読解を引き出すことができます。

かたつむり

「知り合いのかたつむりくんに会いました。*」

（光村2年下18頁／東書2年下119頁「お手紙」）

画像提供：ピクスタ

【意味】

・陸に住むまき貝の一種。うずまき状の殻を背負っている。体はナメクジに似ている。頭に二本の触角を持ち、長い方の触角に目がある。夏の湿っている所によくいる。でんでんむし、まいまいつぶりとも呼ばれる。「でんでんむし」という愛称は、狂言「蝸牛」からきたと言われる。

【使い方】

・はっぱの上に、**かたつむり**が一ぴきいます。
・**かたつむり**みたいに　ゆっくり歩《ある》いてみよう。

＊東書版では「知り合いの　かたつむりくんに　会いました。」となる。

授業での活用・学びを深める

物語において脇役の存在は、非常に重要です。物語中盤に登場する「かたつむりくん」は、まさにこの物語をドラマティックにした存在といえるのではないでしょうか。かたつむりという生き物の特性を考えたとき、子どもたちの生活経験や既有知識と情報が結び付き、この物語において作者がかたつむりくんを登場させた意味に気づくことができるでしょう。

授業では、「かえるくんとがまくんは、手紙を届けてくれたかたつむりくんにどのようなことを話したでしょう」と文章には書かれていない部分を想像させてみましょう。

・手紙を届けてくれてありがとう。とても楽しみに待っていたよ。
・君が来るまで、二人で幸せな気持ちで待っていたんだ。
・やっぱり君に頼んでよかったよ。一緒に待っている四日間でたくさんお話をすることができたよ。ぼくたちの仲が深まったのは君のおかげだよ。

このように、想像を広げながら行間を埋めていくことで手紙を待つ時間のイメージを広げることができます。また、かたつむりの「ゆっくり」という特性があったことで、四日間という時間が生まれました。この四日間がかえるくんとがまくんの関係をより深いものにした時間へとつながっていることを話し合うとよいでしょう。

親愛《あい》
親友

「親愛《あい》なる　がまがえるくん。ぼくは、きみが　ぼくの親友である　ことを、うれしく思っています。」*

（光村2年下23頁／東書2年下125頁「お手紙」）

【意味】

・「親愛《あい》」＝相手に親しみと愛情を感じていること。

・「親友」＝とても仲がよく、打ち解け合っている友達。

【使い方】

・親愛《しんあい》なる　○○さんへ

いつまでも　なかよく親友でいてください。

△△より

＊東書版では「……ぼくの　親友で　ある　ことを　うれしく　思って　います。」となる。

授業での活用・学びを深める

この教材の原作は『ふたりはともだち』（一九七二年・文化出版局）という本です。長年、世界中の読者に愛され続けてきたかえるくんとがまくん、二人の関係は「友達」という言葉を超えて、より深い「絆」を感じるものになっています。「お手紙」の中では、この関係を「親愛」「親友」という言葉に凝縮し、表現しています。あえて、「友達」という言葉と比較することでより違いが明確になるのではないでしょうか。

授業では「手紙の中の言葉は『友達のがまがえるくん……ぼくの友達であることを……』の方がいいんじゃないかな」と尋ねます。すると、子どもたちは、「『親愛』『親友』の方が絶対にいい！」とつぶやくはずです。なぜそのように考えたのか、理由を聞いてみましょう。

・「親愛」には「愛」って漢字が入っているので、大好きだよって気持ちがわかると思う。

・「友達」より「親友」の方が、もっと「友達」って感じがする。友達の中でもさらに仲良しの子が「親友」っていうんだと思う。

言葉が一つ変化するだけでもそこから受ける印象は大きく変わります。音読するだけでは、さらっと読み飛ばしてしまいそうな言葉も、このようにちょっと立ち止まって「そこに含まれる意義やイメージ」を共有することで言葉の世界は大きく広がります。

花火

「紙コップ花火の作り方」

（光村2年下42頁「紙コップ花火の作り方」）

【意味】

・火薬や薬剤を混ぜ合わせたものに点火させ、火花の色や光、音などを楽しむもの。

【使い方】

・うちの　にわで花火をしました。
・夏休《なつやす》みは、花火を見るのが　楽《たの》しみです。
・きょうの夜《よる》は、花火大会《たいかい》を　見にいきます。

授業での活用・学びを深める

この説明文では、紙コップを用いて「花火」を模造するわけですが、子どもたちの頭の中にある花火のイメージにはズレがあります。このズレを生かして、「花火のデザイン」についての説明文を考えることができるでしょう。教科書に掲載されている文章からイメージできるのは「打ち上げ花火」にも「手持ち花火」にも捉えることができます。このイメージのズレを生かすことで以下のような授業を行うことができます。

まず、ズレを引き出すために、「ところで、この教科書の作品は、打ち上げ花火と手持ち花火のどちらでしょう」や「もし、『打ち上げ花火』だとするならば、説明の中にどんな言葉が入るとよいでしょうか」といった発問で問いかけてみましょう。

・開いたときの模様が工夫されていると本物みたいでおもしろいかも。「紙が開いたときの模様を工夫して描いてみましょう」とかかな。

・〈楽しみ方〉の部分に「打ち上げ花火が上がるときのように、ヒュ～という声を出しながら遊んでみましょう」という文があるといいと思う。

今回は、説明文の内容面に着目し、言葉の力を育てるために「イメージのズレ」を生かしました。イメージしやすい言葉を加えることで、より読者に伝わる説明の工夫を考えられます。

まず
つぎに
それから

「まず、花火のぶぶんになる　紙をじゅんびします。」

「つぎに、花火のぶぶんを作ります。」

「それから、花火のぶぶんを、紙コップに入れます。」

（光村2年下43・44・45頁「紙コップ花火の作り方」）

【意味】

・「まず」＝副詞。最初に。第一に。
・「つぎに」＝接続詞。すぐ後に続くこと。それにつづいて。
・「それから」＝接続詞。次の事柄を追加的に述べるための語。

【使い方】

・まず、右を見ます。
つぎに、左を見ます。
それから、もういちど　右を見て、
手をあげて、おうだんほどうを　わたりましょう。

授業での活用・学びを深める

文と文をつなぐ言葉を理解することは、論理的に文章を読むために必須の力です。「たんぽぽ」で扱った「このように」というまとめの言葉とは違い、今回のつなぎ言葉は「順序を表すつなぎ言葉」です。順序を表す言葉が文の冒頭にあることで、これらの言葉に続く文章の内容を読まなくても、文章の論理的な関係性をある程度捉えることができます。授業では、あえて「つなぎ言葉」を削除した文のセンテンスカードを用意し、並び替え活動を行うことでその効用に気づかせます。

ゲーム感覚で「次の文章は、どのような順番に並び替えると正しいでしょうか」とクイズを出しましょう。すると、つなぎ言葉のない文章では、以下のような声が聞こえてきます。

・内容だけだとわかりにくいな。
・つなぎ言葉がほしいな。
・どうやって考えればいいのだろう。

このような「困り感」が聞こえたところで、つなぎ言葉の提示とセンテンスカードとの組み合わせを伝えます。その後、もう一度並び替えをするとスムーズにカードを並び替えできるはずです。このような学習プロセスを経ることによって、つなぎ言葉のもつ力を実感できます。

たからもの

「みきの**たからもの**」

（光村2年下58頁「みきのたからもの」）

【意味】

・とても大切にしているもの。金銀や宝石など、値打ちのあるもの。

【使い方】

・ぼくの**たからもの**は　サッカーボールです。日曜《よう》日にお父《とう》さんと　サッカーをするのが楽《たの》しいです。

・わたしの**たからもの**は、お母《かあ》さんと　いっしょに作《つく》ったたまくらです。

・先生の**たからもの**は、きみたちです。

授業での活用・学びを深める

子どもたちは、「たからもの」という言葉が大好きです。この言葉を聞くだけで、ワクワクした気持ちが湧いてきます。みきの宝物は「ナニヌネノンからもらった小さな石」です。この石は、みきが宇宙飛行士を目指すきっかけとなった石であり、ナニヌネノンとの約束を果たすための大事なアイテムなのです。これらの石に込められたみきの想いを話し合うことで、なぜこの石が「みきのたからもの」になったのかが見えてくるでしょう。

授業では、導入で「実は先生もこんな青い石をもっています（おもちゃの実物を提示）。先生のこの青い石は、お菓子のおまけについていて大切にしているんだけど、みきの青い石もきっと同じだよね」と話します。すると「全然違うよ～」という声が続くでしょう。

・みきの青い石は、もっと特別な石。ナニヌネノンからもらった地球にはない石だから。
・ナニヌネノンの星の音が聞こえる特別な石だよ。
・この石がないと将来、宇宙に行ってもポロロン星への道がわからないよ。無くしたらだめ。

みきのもっている青い石がどれだけ特別なものなのかを子どもたちが夢中になって語り出すでしょう。子どもたち一人一人の「たからもの」にも、みきのように素敵なエピソードがあるはずです。機会があればぜひ聞いてみたいですね。

見なれない

「ふりかえると、 いつのまにか、 **見なれない**生きものが 立っていました。」

（光村2年下59頁「みきのたからもの」）

【意味】

・見たことがなくて、 よく知らないこと。 会ったことがない。

【使い方】

・**見なれない**人がいるぞ。 あ、 新《あたら》しい先生だ。

・学校から帰《かえ》って来《き》たら、 つくえの上に **見なれない**ものが おいてありました。

・ねこのミイちゃんを はじめて外《そと》に出したら、 **見なれない**けしきに おどろいていました。

授業での活用・学びを深める

「見なれない」ものを見たとき、人は思わず二度見をしてしまうのではないでしょうか。みきが出会ったナニヌネノンも、みきにとっては大きな驚きだったはずです。最初に拾ったカードをきっかけにファンタジーの世界へと誘われるみき。ナニヌネノンに出会う前には、「よく分からない」マヨネーズの容器みたいな形をした乗り物を発見しています。「おそるおそる」との表記からも、みきのドキドキ感が伝わってきます。しかし、ナニヌネノンとの出会いの後は、二人の距離は意外にもグッと縮まっています。

授業では、「みきとナニヌネノンのつながりはどのように深まっていったのでしょうか。最初は何から始まりましたか」と尋ねてみましょう。

・最初は、みきの拾ったカードです。そして、みきの一本のリボンとお見送りが出てきました。
・そして、ナニヌネノンがポロロン星の小さな石を渡します。これが大人になってからの約束になって、みきが将来の夢を宇宙飛行士にするところにつながりました。

このように、みきとナニヌネノンの関係は徐々に深まりました。このつながりを追っていくだけでも物語のおもしろさを子どもたちは実感できます。「見なれない」ものとの出会いから未来の約束へとつながる物語。不思議な世界の魅力がいっぱい詰まった作品です。

風の音
海の音

「ポロロン星の風の音が　聞こえるはずです。」

「海の音にもにていると思いました。」

（光村２年下64・65頁「みきのたからもの」）

【意味】
・「風の音」＝空気の動きや流れによって耳に聞こえる響き。
・「海の音」＝寄せては返す波が発するときに聞こえる響き。

【使い方】
・風の音が　うるさくて、目がさめてしまいました。
・はまべで　ひろった貝がらを耳にあてたら、海の音が聞《き》こえたよ。

授業での活用・学びを深める

不思議な青い石に耳を近づけると聞こえてきたのが、ポロロン星の「風の音」です。みきには、「海の音」にも似ているように聞こえています。このとき、聞こえた「音」だけがみきの知る唯一のポロロン星の様子なのです。物語の中では、みきが耳を近づけて音を聞いているシーンは一度しか描かれていませんが、おそらくその後も事あるごとに耳を近づけてポロロン星の風の音を聞いてイメージを広げていたのではないでしょうか。

授業では、「みきは、ナニヌネノンと別れた後も石に耳を近づけながら、ポロロン星の音を聞いてどんなことを考えていたと思いますか」と尋ねてみましょう。

・きっと将来、ナニヌネノンと再会して楽しくおしゃべりしている姿を想像しながら聞いているのではないかな。

・「ちゃんと約束を守ってきたよ」とみきが嬉しそうに伝えている姿を想像しているのではないかな。ポロロン星にしかない不思議な生き物とかも想像しているかもしれないね。

・もしかしたら、風の音（海の音）以外にも新しい音が聞こえてくるのかもしれないね。

このように、みきの将来への期待や音からイメージできるポロロン星への憧れの気持ちが想像できます。音から広がる物語の世界を子どもたちと楽しみながら授業をしましょう。

一生けんめい

「見うしなわないように、**一生けんめい**見つめました。」

（光村2年下68頁「みきのたからもの」）

【意味】

・とても熱心に、力を尽くして何かをする様子。もとは「一所懸命」。

【使い方】

・赤組《あかぐみ》がかつように、**一生けんめい**おうえんしました。

・**一生けんめい**べんきょうしたら、テストで百点《ひゃくてん》がとれました。

・**一生けんめい**聞《き》いたけど、音が小さくて、何《なん》て言《い》っているのかわからなかった。

授業での活用・学びを深める

子どもたちにこれまで「一生けんめい」になった経験にはどのようなものがあるかを尋ねてみましょう。たとえば、サッカーの試合、漢字の勉強、運動会のかけっこなど、子どもたち一人一人の一生懸命の経験が出てくるはずです。そうした経験から生まれた共通点に目を向けることで、みきの一生懸命にも迫るヒントが見えてきます。なぜ、みきはリボンを「一生けんめい」に見つめていたのでしょうか。みきがナニヌネノンとの別れを惜しんでいる表現は他にも「さびしい気もち」「なんども手をふり」「見うしなわないように」などがあります。

これらの表現を確認した後、「みきがナニヌネノンとの別れを一番惜しんでいる部分はどこだと思いますか」と表現を比較させ、一つ一つの表現について詳しく考えさせます。

・「なんども手をふり」です。相手のことを思っているからこそ「何度も」なんだと思います。

・「見うしなわないように」だと思います。小さくなっていく姿をずっと見ているところが、ナニヌネノンのことを大切に思っているのだと思いました。

みきの一生懸命な姿は、見つめるだけでなく、その前後の行動にも現われています。子どもたちの語りの中には、その行動の奥にあるみきの思いについても言及されるでしょう。みきのまっすぐな思いが「一生けんめい」という言葉に込められているのではないでしょうか。

そっと

「心の中に、そっとしまっておきたいできごとなのです。」

（光村2年下69頁「みきのたからもの」）

【意味】

・人に気づかれないように。こっそり。ひそかに。

【使い方】

・お母《かあ》さんのたんじょう日プレゼントを、はこの中に　**そっと**かくしておきました。

・今回《こんかい》のテストは、つくえのひきだしに　**そっと**しまっておこうかな。

・ぼくのさくせん、きみに　**そっと**教《おし》えてあげるね。

授業での活用・学びを深める

「そっと」は行動の様子を表す言葉ですが、そこには同時に「気持ち」も込められています。この物語では、「心の中にしまっておきたい」ではなく、「そっとしまっておきたい」という表現になっています。この言葉が一つ入るだけで、みきがこの出来事を大切に思っていることが伝わってきます。そして、誰にも邪魔されることなく自分とナニヌネノンの二人だけの出来事にしておきたいという想いが伝わってきます。

ナニヌネノンとの出会いは一瞬の出来事だったかもしれませんが、みきの人生を大きく左右する出来事だったことは明らかです。「そっと」しまっている思いを、ずっと胸に秘めながら成長していくみきの姿を見守りたくなります。

授業では、『そっと』という言葉があるのとないのとでは何が違いますか」と尋ねてみましょう。

・「そっと」が入ると大切にしている感じが伝わってくるし、二人だけの内緒（秘密）だよって思いながら心にしまっている様子が伝わってきます。

この一言が入っていることで、私は作者の優しさを感じました。登場人物の心の動きを非常に丁寧に扱っていることが伝わってきます。文学的表現一つにこだわることで、物語の世界はもちろん、その先にいる作者にも迫っていくができるのです。

ひみつ

「**ひみつ**のたからものです。」

（光村２年下69頁「みきのたからもの」）

【意味】

・他人に知られないように隠しておくこと。また、隠している事柄。

【使い方】

・このことは、二人《ふたり》だけの**ひみつ**だよ。だれにも教《おし》えちゃやだめだよ。

・きのう、友《とも》だちと　**ひみつ**きちを作《つく》ったんだ。でも、きみだけには教《おし》えてあげるね。

・みなさんは、どんな**ひみつ**どうぐがほしいですか。

授業での活用・学びを深める

「たからもの」同様、「ひみつ」という言葉も子どもにとって胸が弾む言葉です。みきはなぜ、「ナニヌネノンと出会ったこと、小さな石のこと」を秘密にしようと思ったのでしょうか。普通、これだけ特別な出来事を経験すれば「ねえねえ、聞いて！　実はね……」と誰かに話したくなってしまわないでしょうか。みきは将来、宇宙飛行士になって、約束通りナニヌネノンと再会するまでは、ずっと心の中に秘めておきたい、と思ったのかもしれません。

「先生だったらこんな特別な出来事が起こったらすぐに家族とか友達に話しちゃうな。みきはどうして秘密にしておいたのだろう。みきは何でもひみつにしたがる子どもなのかな」

・違う！　違う！　ちゃんと、将来の願いが叶うまではこの思い出を大切にしたかったんじゃないかな。誰かに話しちゃったら「そんなの嘘だよ」とか言われちゃいそう。

・自分だけの秘密にして、将来、ナニヌネノンにまた会おうと思っているんじゃないかな。

・周りのみんなもどうしてみきが「うちゅうひこうし」を夢にしているのか気になるだろうね。将来、再会しようというナニヌネノンとの約束は、みきだけのものです。誰かに話してしまうことでこの夢に余計な傷がついてしまわないようにしているのでしょう。大人になったみきがどうなったのか、物語の続きがとても気になるのは私だけではないはずです。

ロボット
新しいロボット

「**ロボット**」

「今も、**新しいロボット**が考えられています。」

（光村2年下88頁「ロボット」）

画像提供：ピクスタ

【意味】

・「ロボット」＝電気や磁気の力で、人間のように動く機械。人間の代わりに、複雑な作業や危険な作業などを自動的に行う機械。
・「新しい」＝今までと違っている。できたばかりである。

【使い方】

・ぼくは、**ロボット**が出てくるアニメが　大すきです。
・からくり人形《にんぎょう》は、日本の**ロボット**のはじめかもしれません。
・わたしは、**新しいロボット**を作《つく》るしごとがしたいです。

授業での活用・学びを深める

昔から「ロボット」は子どもたちの憧れです。私が子どもの頃と比べると今は、「ロボット」の存在がより身近になりました。昔は、ロボットといえば、戦隊モノのヒーローが操縦する乗り物だったり、ドラえもんのような未来を象徴する憧れ的な存在だったりしました。現代においては、文章の中でも紹介されているように「人間の生活を便利にする存在」として日常生活の中で役立っています。「今の」子どもたちにとって、ロボットとはどのようなイメージなのでしょうか。

まずは、子どもたちの頭の中にある「ロボット」のイメージを共有しましょう。その上で、将来、どのようなロボットが登場すると思うか、説明文を読む前に想像を広げてみましょう。

・うちには、お掃除ロボットがあるよ。勝手にゴミを取って充電も自分でやってくれます。

・将来は、一緒に外で大好きなサッカーをやってくれる（練習に付き合ってくれる）ロボットがいたら嬉しいです。そうすれば、自分の好きなときに楽しくサッカーができます。

「ロボット」が登場することで自分たちの生活がより豊かになったり、便利になったりするイメージが浮かんできます。題名の「ロボット」という言葉からイメージできることを十分に広げた上で文章に向かうことで、題材に対する子どもたちの関心も高まります。

かしこい

「ロボットは、人をたすけてくれる、**かしこい**きかいです。」

（光村２年下88頁「ロボット」）

【意味】

・頭の働きが鋭く、知能に優れている。

【使い方】

・犬は、とても**かしこい**どうぶつなので、人をたすけるしごとをします。

・妹《いもうと》は家《いえ》のお手つだいもよくできて、みんなから「**かしこい**子だね」と言《い》われます。

・よしゅうをしてじゅぎょうをうけるのは、**かしこい**やり方《かた》だと思《おも》う。

授業での活用・学びを深める

「ロボット＝かしこい」このイメージは昔も今も共通しているのではないでしょうか。ロボットは、人間の生活を助けてくれ、まるで、自分の頭で考えて行動しているかのように思えることさえあります。この説明文では「かしこいロボット」を「荷物を届ける」「施設を案内する」「危ない場所を見に行く」という三つの活用事例を通して紹介しています。これらの三つを「かしこさ」という観点から比べてみるとそれぞれの特徴が見えてきます。

「あなたは、三つの事例の中でどれが一番かしこいと思いましたか」と尋ねてみましょう。

・ぼくは「にもつロボット」です。ロボットだけで道を走っていくなんて、車や障害物もあるのにどうやって運べるのだろうと思いました。ぶつかったりしないのがすごくかしこいです。

・私は「あんないロボット」です。自分で考えたことを話すだけでなく、こちらの質問に答えてくれるし、「にもつロボット」と同じように道案内までできてすごくかしこいです。

・ぼくは「空とぶロボット」です。危ない場所に飛んでいけるのが、このロボットのすごさだと思います。障害物を避けて目的地に行くのもかしこいです。

このように三つを比較する方法を用いると「かしこさ」という言葉にも単に「頭のよい」という意味だけでなく、さまざまな知能が含まれていることが見えてきます。

にもつ

「新しく考えられているロボットの一つに、にもつを家にとどけてくれるものがあります。」

（光村2年下89頁「ロボット」）

【意味】

・持ち運んだり、送ったりする品物。

【使い方】

・にもつが　とどいているから　もってきてください。

・いなかのおじいちゃんから、はたけでとれた野《や》さいの　にもつがとどきました。

・たくはいやさんが　にもつを家《いえ》にとどけてくれました。

授業での活用・学びを深める

事例の一つめとして紹介されているのが「にもつロボット」です。荷物を届けてくれるのは、ふつう宅配便屋さんや郵便屋さんです。なぜ、ロボットがその役割を担うことになったのでしょうか。子どもたちに「人の手で運ぶのではダメなのですか」と聞いてみると、「最近は、ネット販売も多くなって、人が足りないのでは?」という話になるはずです。その困り感を解決するために「ロボット」の力が必要になったのではないかと話をつなげていきましょう。

授業では、「ロボットメーター」（五段階で役立ち度を示す）を用いて、どの程度、この「にもつロボット」は人々の役に立つと思うのかを表現させてみましょう。

・私は、5（すごく役立つ）だと思う。宅配便の人たちも休憩をとりながらお仕事をすることができるようになるんじゃないかな。

・ぼくは、3（少し役立つ）かな。きっと、道とかに迷ってしまうこともあるんじゃないかな。完璧に届けることができるのか心配。トラブルとか起きそう。

ロボットがどれくらい人々の役に立つのかをメーターを用いて数値化することで、その具体的な利便性を表現させます。「にもつロボット」での議論をベースにしながら、この後に紹介される「あんないロボット」や「空とぶロボット」でもメータートークをしてみましょう。

しせつ

「また、水ぞくかんのような**しせつ**で、あんないをしてくれるロボットもあります。」

（光村2年下90頁「ロボット」）

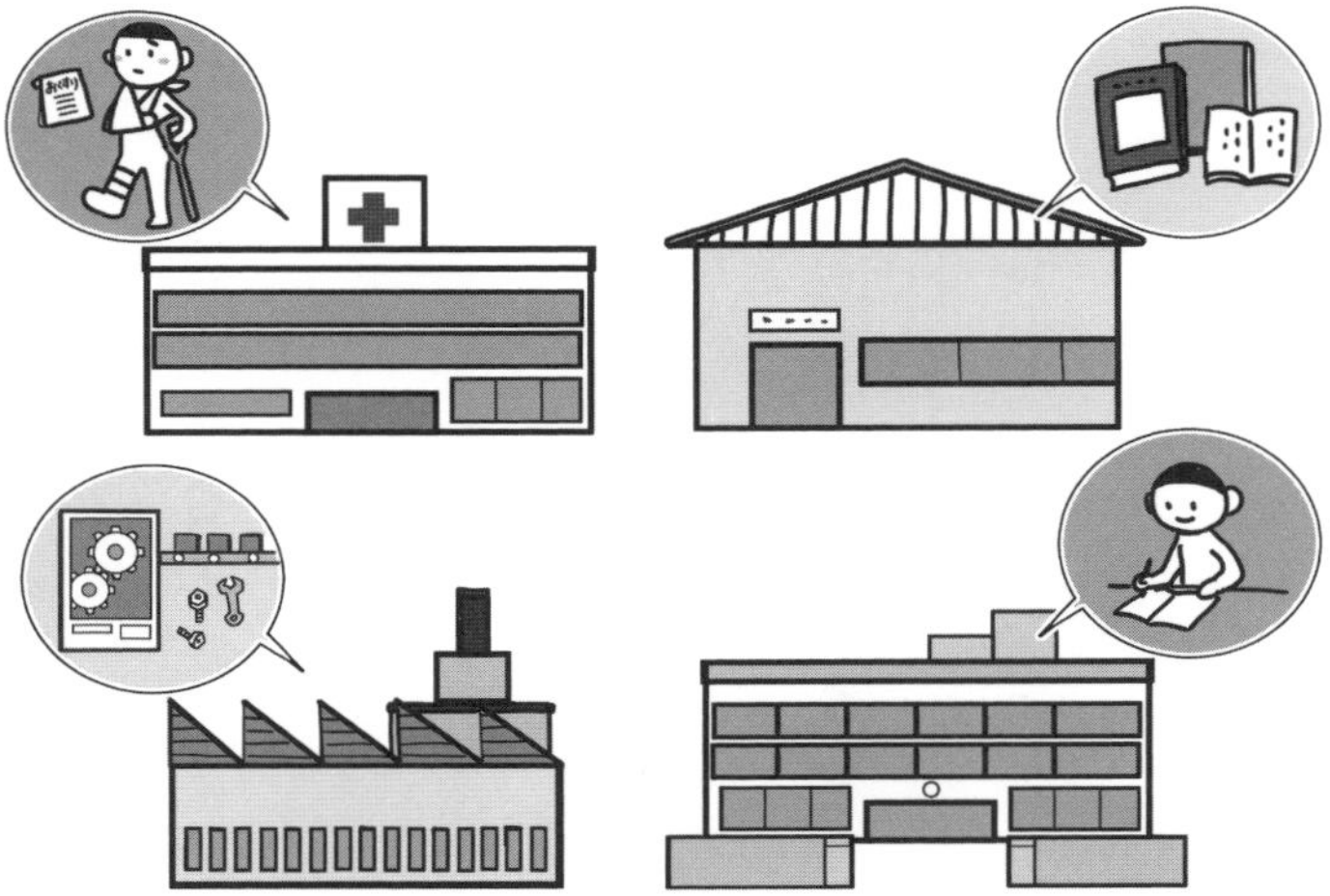

【意味】

・ある目的のために作られた建物や設備。

【使い方】

・学校は、べんきょうしたり、みんなできょうりょくすることを学《まな》んだりする**しせつ**です。

・図書《としょ》かんは、本を読《よ》むことを通《とお》して、ぶんかをそだてる**しせつ**です。

・びょういんは、びょう気の人をちりょうする**しせつ**です。

授業での活用・学びを深める

「しせつ」と聞いて、子どもたちの頭の中にはどのような場所がイメージされるのでしょうか。最初はこちらから「学校や病院、図書館などをまとめて『しせつ』と言います」と具体を伝えることで言葉のイメージを感覚的にもたせましょう。こうしたやりとりは、具体的な言葉と抽象的な言葉の関係性を学ぶ機会でもあります。「抽象⇅具体」の関係性を「しせつ⇅学校・病院・図書館」という例を用いながら他にもイメージさせてみましょう。

「抽象と具体の関係になっている言葉を考えてみましょう。たとえば、みかん、さくらんぼ、ぶどう……。これらを一つの言葉にまとめると何になりますか」と尋ねると「果物」とすぐに答えが返ってきます。このようにさまざまな例題を掲示して、イメージさせましょう。

・「ほうれん草」「キャベツ」「にんじん」を一つにまとめると何でしょう。――「野菜」です。
・「お肉」といえば、具体的には何があるでしょう。――「鶏肉」「豚肉」「牛肉」です。
・「天気」といえば何があるでしょう。――「晴れ」「曇り」「雨」「雪」です。

このように、「抽象具体ゲーム」を通して言葉の感覚を磨くことができます。「果物」を具体との関係で見れば「みかん」「りんご」などが考えられますが、抽象との関係で見れば「食べ物」ともいえます。いくつかの言葉を扱うことでこの関係も見えてくるでしょう。

あんない

「また、水ぞくかんのようなしせつで、**あんない**をしてくれるロボットもあります。」

（光村2年下90頁「ロボット」）

【意味】

・道や場所を教えたり、連れて行ったりすること。

【使い方】

・おきゃくさまを校長室《こうちょうしつ》に**あんない**しました。
・ねこに**あんない**されてついて行《い》ったら、子ねこたちがいました。
・だれかに**あんない**をしてもらわないと、ばしょがわからないぞ。

授業での活用・学びを深める

事例の二つめとして紹介されているのが「あんないロボット」です。まずは、水族館の案内とはどんなことをするのか、イメージを具体的に話してみましょう。「おすすめの道順を教える」「生き物について詳しく説明する」といった案内ロボットの仕事内容が出てきます。

これらを「にもつ」の項目でも紹介した「ロボットメーター（役立ち具合）」と「かしこい」でもふれた「ロボットのかしこさ」に着目した「かしこさメーター」を縦軸と横軸（マトリクス）で表して「あんないロボットは、どこに位置するでしょう」と尋ねてみましょう。

・私は、かしこさメーターは5だけれど、役立ちメーターは3だと思います。なぜなら、いろいろと案内するにはたくさんの情報が必要になるし、水族館の混み具合によって案内する順番も変えなければならないからです。

・でも、自分のペースで見たい人も多いと思うので、そこまでみんなの役に立つというわけではないと思います。必要な人にはありがたいよね。

このように、縦軸と横軸をそれぞれ五段階にして、位置を決めさせることで、一人一人の解釈を表現させることができます。「あんない」の内容を具体的にして、その仕事がどれだけ人々の役に立つのかを話し合う中でロボットの価値を見いだしてみましょう。

あぶないばしょ

「ほかに、空をとんで、**あぶないばしょ**のようすを見に行ってくれるロボットもあります。」

（光村2年下91頁「ロボット」）

【意味】

・「あぶない（危ない）」＝事故やけがなど、よくないことが起こりそうで心配だ。不安だ。

・「ばしょ（場所）」＝ところ。物が置かれたり、行われたりする、広さをもった空間。

【使い方】

・大雨のときは、川は**あぶないばしょ**なので、近《ちか》づいてはいけません。

・カーブしている道《みち》は、車が見えにくいので、**あぶないばしょ**です。

・へいや木などでかこまれているところは、人から見えないので**あぶないばしょ**です。

授業での活用・学びを深める

最後に紹介されているのが、「あぶないばしょ」を見に行く「空とぶロボット」です。このロボットは、「にもつロボット」「あんないロボット」と比べると活躍の頻度は少なく見えるかもしれません。この「空とぶロボット」の事例では、地震や洪水といった災害があったときの様子が紹介されています。このような緊急事態のときには「あぶないばしょ」へと派遣されますが、普段はどのように使われるのでしょうか。もしかすると、使用頻度は少ないのかもしれません。この辺りの特徴を捉えられるように授業では、以下のように尋ねてみましょう。

「地震や洪水ってそんなに毎日起こることではないけれど、空とぶロボットって本当に活躍しているのかな」

・活躍すると思うよ。回数は少ないかもしれないけれど、人間が行きづらい場所へと向かうことができるので、大活躍です。とても重要なロボットです。

・このロボットは災害がないときには、カメラも付いているので「パトロールロボット」として活躍してもよいのではないかな。

「あんない」の項目でも扱ったマトリクスを用いて表現させてもおもしろいでしょう。すると、「使用頻度は少ないけれど、重要な役割を果たしている」という特徴が見えてきます。

またほかに

「**また**、水ぞくかんのようなしせつで、あんないをしてくれるロボットもあります。」

「**ほかに**、空をとんで、あぶないばしょのようすを見に行ってくれるロボットもあります。」

（光村2年下90・91頁「ロボット」）

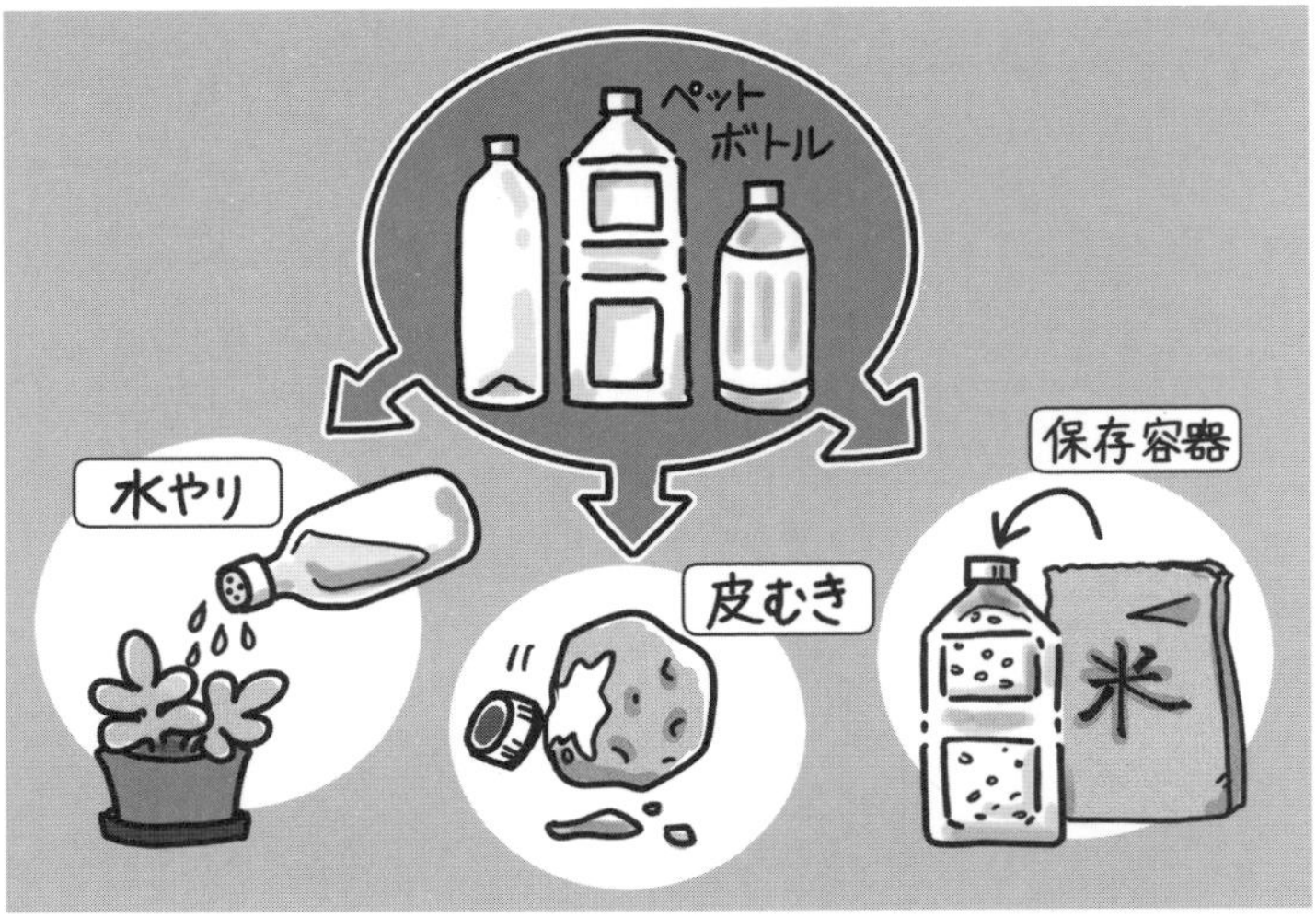

【意味】

・「また」＝並立の接続詞。前の事柄と後の事柄を並べて述べるときに使う言葉。
・「ほかに」＝「ほか」（名詞）＋「に」（格助詞）。それ以外に。

【使い方】

・ペットボトルは、お米《こめ》を入れておくのにべんりです。
また、ふたはじゃがいもなどのかわをむくときにつかえます。

ほかに、ふたにあなをいくつかあけて、じょうろのかわりにもつかえます。

授業での活用・学びを深める

「たんぽぽのちえ」のまとめの言葉、「紙コップ花火の作り方」の順序を表す言葉に続き、今回は、「情報を追加するつなぎ言葉」を扱います。それまで述べてきた内容に加えて、情報を付け足す際には、このような言葉を用います。「また」「ほかに」以外にも「さらに」や「その上」「それから」なども挙げられます。このような情報を加えることで、より説明の内容を読者に納得してもらえる効果があります。「情報を追加するつなぎ言葉」の種類を増やすとともに、その効果についても授業では実感できるようにしましょう。

授業では、先述した「また」「ほかに」以外のつなぎ言葉を確認した上で、「三つの事例は、この順番ではなくて、「空飛ぶロボット」から紹介してはダメですか」と問いかけてみましょう。

・「空飛ぶロボット」は、段落の最初に「ほかに」と書かれているから、筆者はまずは、「にもつロボット」と「あんないロボット」を紹介したいのだと思います。

・「あんないロボット」は、「また」でつながっています。より身近なところから取り上げているのではないかと思います。

つなぎ言葉に着目することで、挙げられた事例が「身近さ」「わかりやすさ」「すごさ」という具合にどんな順序で並んでいるのかの観点を見いだすことにもつながります。

～でしょうか

「それは、どんなときに、わたしたちをたすけてくれるのでしょうか。」

（光村2年下93頁「ロボット」）

【意味】

・「でしょうか」＝「だろうか」の丁寧な言い方。

※「だろう」は相手に念をおす気持ちを表す。「か」は相手に尋ねる意味を表す。

【使い方】

・この店《みせ》には、どんなケーキがあるのでしょうか。

・なぜ、ももたろうはおにがしまに行《い》ったのでしょうか。

・この雨では、きょうのうんどう会《かい》はちゅうしでしょうか。

授業での活用・学びを深める

筆者がこのように読者に対して問いかけるとき、そこにはどのような意図があるのでしょうか（この文もわざと問いかけにしてみました）。問いかけの文末を用いることによって、これまで「筆者→読者」へのベクトルが「筆者↔読者」に変化します。つまり、読者との対話が始まるのです。これにより、筆者と読者の距離がグッと縮まり、読者は思考を促されます。筆者の文章の世界へと読者を誘う書き方の工夫の一つです。

子どもたちは、「ロボット＝人を助けてくれる」ということを経験上、わかっています。したがって、「この問いかけの文章は、『どんなときでも私たちを助けてくれるのです』というように言い切る形でもいいのではないでしょうか」と問いかけてみましょう。

・いや、「〜でしょうか」と問いかけられた方が私は読みたくなります。「もっと次も読んでみたい」という気持ちにもなります。

あえて、「言い切りの文章」を代案として提示することで「問いかけの効果」に迫ります。この表現方法を用いることで、筆者と読者をつなぐことができます。一方的に筆者からの情報を発信するだけでなく、筆者と読者の対話を生み出す文章表現の工夫として確認することで、子どもたちが読み手から書き手へと転じたときにも活用する力になるでしょう。

こんな話

「それには、**こんな話**があるのです。」

(光村２年下１１３頁「スーホの白い馬」)

【意味】

・「こんな」＝「このような」のくだけた言い方。ここでは、これから述べることを指している。「こそあど言葉」の一種。
・「話」＝ここでは「物語」の意味。

【使い方】

・きのう、おばけが出たって聞《き》いたよ。それは、**こんな話**なんだ。
・先生がしばらくお休みするわけを聞《き》いてきました。それは、**こんな話**でした。

授業での活用・学びを深める

「こそあど言葉」は、相手に言葉の内容の推論を促します。かの有名なドラえもんの主題歌にも「こんなこと」「あんなゆめ」「こんなゆめ」という言葉が入っていました。聞き手に「どんな?」という思考を働かせ、期待感をもたせることができるのです。今回の物語でも冒頭に「こんな話」という言葉を用いることで、その後に続く物語への読み手の期待を引き出します。

子どもたちには、「スーホの白い馬」という題名とこの冒頭の前書き部分のみを提示し、『こんな話』とはどんな話だと思いますか」と尋ねてみましょう。

・スーホという人が、馬を大切にしていて大好きだったから馬の頭の形をした楽器を作りましたって話かな。
・白い馬だから、かっこよくて特別な感じがするな。モンゴルの馬って日本とは違うのかな。
・スーホが飼っていた白い馬が死んじゃって、それを楽器にしましたって話だと思う。
・スーホと白い馬以外にどんな登場人物が出てくるのかな。

「題名読み」を用いた作品イメージの広げ方です。この作品のように、前書きがある物語は、その先に続く本編への期待値が高まります。したがって、前書き部分に「こそあど言葉」を用いている文章では、この作品と同じような授業展開が可能になるでしょう。

ただのひつじかい

「なんだと、**ただのひつじかい**が、このわしにさからうのか。」

（光村2年下120頁「スーホの白い馬」）

【意味】

・「ただ（の）」＝特別な値打ちや意味がないこと。平凡な。

・「ひつじかい」＝羊を飼い、育てる人。放し飼いにした羊の番をする人。

【使い方】

・あの子は、**ただの**小学生ではない。けん玉の天才《てんさい》だ。

・むかしむかし、あるところに、**ひつじかい**がくらしていました。

授業での活用・学びを深める

殿様がスーホのことを「ただのひつじかい」と表現したことによって、この二人の上下関係が明確になります。つまり、殿様はスーホのことを明らかに見下しており、そんな存在のスーホが自分に歯向かってきたことに対する怒りを露わにしているのです。

「スーホは、殿様の言うように『ただのひつじかい』なのかな」と尋ねると「違う！」と反応が返ってくるでしょう。いったい、どんなところが特別（⇅平凡）なのかを話し合うことで、スーホの優しさや信念の強さが明らかになります。

・羊飼いなのに、子馬を助けてきちゃうお人好しだよね。とても優しい人だと思う。
・殿様にも自分の正しいと思うことをバシッと伝えていてかっこいいと思いました。
・スーホの弾く馬頭琴はたくさんの人々の心を癒しているから、きっと人のよさが音にも表れているんだね。

「ただのひつじかい」は、スーホの人物像に迫るきっかけとなる重要な言葉です。物語の主人公は、きらりと光る特別な何かをもっていることが多いものです。一般的な人物とは何が違うのかを叙述から探っていくことで、その「特別な部分」に迫ることができます。

うつくしい音

「そして、ひつじかいたちは、……そのうつくしい音に耳をすまし、一日のつかれをわすれるのでした。」

（光村2年下127頁「スーホの白い馬」）

【意味】

・「うつくしい（美しい）」＝見た感じや聞いた感じが心地よく、感動させるほどである。

・「音」＝空気を伝わって、耳に聞こえる響き。

【使い方】

・公園《こうえん》からふえのうつくしい音が聞《き》こえてくる。

・秋《あき》の夜《よる》、草むらからうつくしい音が聞《き》こえてきました。

授業での活用・学びを深める

物語を締めくくる印象的な言葉です。二年生において「うつくしい」という言葉を聞いて連想するのは「美しい人」「美しい景色」「美しい色」などではないでしょうか。目には見えない「音」に対してこの言葉を用いることで、音色や馬頭琴の演奏技術の素晴らしさだけでなく、その音に込められたスーホの白馬への想いの「うつくしさ」を感じることができます。

子どもたちには、「きっとスーホは演奏がものすごく上手で、プロの演奏家のように素晴らしい演奏技術をもっているから、たくさんの人たちが聴きたくて集まってくるんだよね」と揺さぶりの発問を投げかけてみましょう。

・きっと演奏も上手だと思うけれど、それだけじゃないと思う。
・スーホの白馬への想いが演奏の音から伝わってくるんじゃないかな。
・この「うつくしい音」っていうのは、スーホの心の美しさも表していると思うな。人物像のときにも学んだけれど、スーホは「優しさ」とか「まっすぐな心」をもっている人だから。

一般的な「うつくしさ」ではなく、ここで表現されている「うつくしさ」にはスーホの人柄が反映されているのではないでしょうか。心のきれいなスーホが演奏するからこそ、聴き手の心にも響く音色が生み出されるという文学的表現に迫ることのできるキーワードです。

どうぶつ園

「どうぶつ園の　かんばんと　ガイドブック」
（東書2年上88頁「どうぶつ園の　かんばんと　ガイドブック」）

【意味】

・たくさんの人に見せるために、いろいろな動物を飼育している施設。

【使い方】

・遠足《えんそく》で　どうぶつ園に　行《い》きました。

・どうぶつ園には　いろいろな　どうぶつが　いました。わたしは　キリンさんの　絵《え》を　かきました。

授業での活用・学びを深める

「動物園」のイメージは、実際に行ったことのある子とない子では大きな差があるでしょう。最近は、見るだけでなく体験型の動物園も増えています。まずは思考の素地を耕すためにも交流することが大切です。説明文の内容を読み取る際には「かんばん」と「ガイドブック」の比較を行いますが、二つの説明の仕方を比べるためにも単元の導入段階でイメージを十分に共有しましょう。

「みんなが知っている動物園には、どんな生き物がいましたか」と質問し、子どもたちからさまざまな具体的イメージを引き出しましょう。子どもたちから出そうな動物は事前に写真などを用意しておいてもよいかもしれません。

・ぼくが行った動物園はとても広くて一日ではすべてを見ることができませんでした。もともと住んでいる地域でエリアが分かれていたよ。アフリカとかアマゾンとかだったよ。
・私の行った動物園は、うさぎとかモルモットと一緒に遊ぶことができたよ。
・トラとかライオンもいろいろな種類がいて見比べるのがおもしろかったよ。

動物の種類を共有すると同時に、動物園の中の様子も聞き出してみましょう。本文に関係する看板やガイドブック（パンフレット）についても話せる子がいれば、共有してもよいですね。

読みくらべる

「田中さんは、もっと　知りたいと　思い、ガイドブックを　かって　**読みくらべて**　みる　ことに　しました。」

（東書2年上88頁「どうぶつ園の　かんばんと　ガイドブック」）

【意味】

・二つ以上の文書や書物などを読んで、内容を比べること。

【使い方】

・お父《とう》さんは、新聞《しんぶん》を　三つ　とって、毎朝《まいあさ》　**読みくらべて**　います。

・お母《かあ》さんは、何《なん》さつかの　ガイドブックを　**読みくらべて**　りょこうの　計画《けいかく》を　立てました。

授業での活用・学びを深める

読み「くらべる」ことの効用は何でしょうか。それぞれをただ読むだけでは、そのものの特徴はわかりにくいものです。比べるからこそ、お互いのメリット・デメリットが浮き彫りになるのです。説明文の中で取り上げられた「かんばん」と「ガイドブック」の特長はなんでしょうか。本文を読むことでその違いは明らかになりますが、「かんばん」は説明が非常にシンプルです。パッとみただけで要点がわかりやすくまとまっています。一方、「ガイドブック」は詳しい内容が載っています。じっくりと知りたい人にオススメです。

授業で二つを比べる際には、黒板にベン図を描き、それぞれの特長と共通点が可視化されるようにしましょう。板書で特長を整理したら「かんばんとガイドブックは、どんな人にオススメできますか」と尋ねてみましょう。

・看板は急いでいる人にオススメです。文が短いのですぐに読むことができます。
・ガイドブックは、動物のことをより詳しく知りたい人にオススメです。かんばんには書かれていない秘密の情報もたくさん載っていると思います。

このように、どんな人に、どんなときに使い分けるのかにまで話題が及ぶと、それぞれの特長をしっかり捉えた上で議論ができている証です。使い分ける目的にまで迫ってみましょう。

じゆうじざい

「ゾウの　はなは　きん肉で　できて
いるので、じゆうじざいに　うごかす
ことが　できます。」
（東書２年上93頁「どうぶつ園の　かんばんと　ガイドブック」）

【意味】
・思いどおりにできる様子。思いのまま。

【使い方】
・サッカーボールを　じゆうじざいに　あやつれるように　なりたい。
・手じなの　じょうずな　お兄《にい》さんは、トランプを　じゆうじざいに　うごかします。

授業での活用・学びを深める

この説明文の中で使われている「じゆうじざい」は、ゾウの鼻についての記述です。では、ゾウにとっての「じゆうじざい」とはどんなことなのでしょうか。教科書には、「草をつかむ」「水を吸い込む」「あいさつをする」「遊ぶ」という内容が紹介されています。これらの動きは、ゾウが生きていく上で欠かせない動きです。ゾウといえば、まさに象徴的なのが「じゆうじざい」な鼻でしょう。

授業では「もし、ゾウの鼻が自由自在ではなく『不自由』だったとしたら、どうなりますか」と尋ねてみましょう。

・ゾウは生活ができなくなっちゃうと思う。ご飯が食べられないし、水も飲めないんじゃない？

・「あいさつ」するときにはどうするのだろう。みんなで仲良く鼻を合わせてあいさつすることもできなくなってしまうよね。

・「遊ぶ」ときにも、ゾウの大好きな水遊びができなくなってしまうかも。鼻が自由自在に使えるってとても大切なんだね。

「じゆうじざい」という言葉の具体を確かめることによって、ゾウの生活をより鮮明にイメージできるようになります。

●著者紹介（五十音順）

土居正博（どい・まさひろ）

1988年東京都八王子市生まれ。創価大学教職大学院修了。川崎市公立小学校に勤務。東京・国語教育探究の会事務局。全国大学国語教育学会会員。東京書籍小学校国語教科書編集委員。2018年、読売教育賞受賞。2023年、博報賞（奨励賞）受賞。主な著書に『クラス全員が熱心に取り組む！漢字指導法』（明治図書）、『授業で学級をつくる』（東洋館出版社）、『子どもの聞く力、行動する力を育てる！ 指示の技術』（学陽書房）などがある。

沼田拓弥（ぬまた・たくや）

1986年茨城県日立市生まれ。創価大学教職大学院修了。東京都公立小学校に勤務。東京・国語教育探究の会事務局長。「立体型板書」研究会主宰。全国国語授業研究会常任理事。全国大学国語教育学会会員。日本授業UD学会会員。単著に『「立体型板書」の国語授業』『「立体型板書」でつくる国語の授業　文学・説明文』『書かない板書』（いずれも東洋館出版社）などがある。

三浦剛（みうら・つよし）

1986年長野県飯田市生まれ。創価大学教職大学院修了。東京都公立小学校に勤務。東京・国語教育探究の会事務局。全国国語授業研究会監事。日本授業UD学会会員。全国大学国語教育学会会員。単著に『自ら動いて読みを深めるフリー交流』（東洋館出版社）、『子どものやる気を最大限に引き出す教師の50の習慣』（明治図書）、共著に『「読むこと」の授業が10倍面白くなる！国語教師のための読解ツール10 & 24の指導アイデア』（明治図書）などがある。

イラスト：いわいざこ　まゆ

読みが激変！ たった一つの言葉で深める国語の授業　低学年

2024年3月20日　第1刷発行

著　　者──土居正博・沼田拓弥・三浦剛
発 行 者──河野晋三
発 行 所──株式会社 日本標準
〒350-1221　埼玉県日高市下大谷沢91-5
電話　04-2935-4671
FAX　050-3737-8750
URL　https://www.nipponhyojun.co.jp/
印刷・製本　株式会社 リーブルテック

ISBN978-4-8208-0749-0